Rüdiger Lautmann · Die Lust am Kind

Rüdiger Lautmann

Die Lust am Kind

Portrait des Pädophilen

KLEIN

Umschlag: Peter Albers
Gesamtherstellung: Wiener Verlag, Himberg
ISBN 3-89521-015-3
1 3 5 7 9 10 8 6 4 2

Inhalt

Im Bergwerk

Der Blick in sexuelle Dunkelfelder

Mich reizt nicht nur die Sexualität, mich reizt das ganze Kerlchen. Von den Zehenspitzen bis zu den Haaren, eigentlich alles. Du kannst ihm viel erklären, du kannst mit ihm allen möglichen Blödsinn machen. Er kam zum Beispiel eines Abends an und sagte, daß sie in der Schule Bergwerk durchgenommen haben. Ich: „Bergwerk ist was Schönes, da kannst du was erleben, das Einfahren, das ist schon was." „Haben wir nicht gemacht." Ich: „Also, wir fahren jetzt nach Bochum, wo das nächste Bergwerksmuseum ist." – Wir haben dann später dort alles angeguckt. Manche Leute haben bestimmt gedacht, daß wir beknackt sind. In die engsten Flöze sind wir reingekrochen, wir sahen aus wie die Schweine. Dann bei den Sprenglöchern haben wir mit Stöcken nachgeprüft, ob die auch richtig tief sind. Da lagen Bohrköpfe, Diamantbohrer, runde und viereckige Köpfe. Er hat den Bohrer in die Hand genommen und einmal gedreht. Wir haben also Bergwerk richtig erlebt, und mitzuerleben, wie er sich darüber freut, das war toll.

Wer ist ein Pädo?

Diese Geschichte, deren begeistert-nachdrücklicher Ton mir noch im Ohr liegt, bordet über von sexueller Symbolik; aber sie schildert keine einzige sexuelle Handlung. Der Erzähler gehört zu den sogenannten echten Pädophilen, deren erotische Gefühle sich ganz auf Kinder richten und manchmal auch in Wollust erfüllen. Die Beziehung zwischen einem Erwachsenen und einem Kind ist im engeren Sinn pädophil, wenn sie von Liebesempfindungen getragen wird und sexuelles Begehren einschließt, und zwar von seiten des Älteren. Er ist es, dessen Wünsche, Deutungen und Vorgehen die pädosexuelle Situation aufbauen. Deswegen stehen die Erwachsenen im Mittelpunkt meiner Recherche.

Das sexuelle Begehren nach Kindern in Worte zu fassen fällt nicht gerade leicht, weder dem Untersucher noch den pädophilen Gesprächspartnern. Die Prominenz, ja Deutungsherrschaft der Mißbrauchsfigur läßt unser Unterfangen fast wie ein Sakrileg erscheinen. Doch geht es hier gar nicht darum, mich einer Themenkonjunktur entgegenzustemmen, vielmehr beschäftigt mich die schlichte Frage: Was finden Pädophile eigentlich an Kindern? Hierzu schweigt die stattliche Literatur zum Thema, so als wäre es unaussprechlich oder gar verboten, daran zu rühren.

Die in Deutschland verbreiteten Bilder zum Mißbrauch an Kindern nehmen sich weniger bunt und phantastisch aus als in den Vereinigten Staaten. Dort werden so bizarre Szenen beschrieben wie Satansanbetung mit rituellem Kindersex, Verbrechen von weiblichen und männlichen Nursen, millionenfach geraubte Kinder sowie Milliardengeschäfte mit Kinderpornographie.[1] Vielleicht werden derartige Tribunale auch bei uns noch anberaumt werden. Allerdings eignet sich die soziale Gegend in Deutschland oder anderen europäischen Ländern nicht gerade dazu, als ein Dschungel interpretiert zu werden, der jede erdenkliche Grausamkeit birgt.

Die gegenwärtig ausufernde Bereitschaft, jegliches erotisches Signal, das an ein Kind ergeht, als Mißbrauch zu brandmarken, verwirrt die Begriffe. Leider werden damit Unterschiede des Inhalts, der Intensität, der möglichen Folgen u.s.f. eingeebnet, die einen guten Sinn machen: für das Verstehen und Erklären, für die präventive, strafrechtliche und therapeutische Intervention. Die heutige Prominenz verdankt sich nicht den Sexualwissenschaftlern, sondern Ein-Thema-Forscher/innen sowie Aktivistinnen. Die Sexualwissenschaft hat die Erwachsenen-Kind-Kontakte von Anfang an differenziert betrachtet. Bereits der Klassiker Richard v. Krafft-Ebing stellte die Schändung an geschlechtlich unreifen Personen dar und nahm dabei kein Blatt vor den Mund. Er sprach von den „trostlosesten und größten Scheußlichkeiten" und meinte: „Das Gefühl sträubt sich dagegen, solche Verbrecher gegen die kindliche Unschuld noch für geistig normale Menschen zu halten."[2] Gleichwohl führte Krafft-Ebing 1896 eine Spezialkategorie ein, die *Paedophilia erotica*. Darunter faßte er Fälle, „bei welchen weder tiefstehende Moral noch psychische oder physische Impotenz sexuell Bedürftige zu Kindern hintreiben, sondern vielmehr ... eine psychosexuale Perversion". Hier tritt die Neigung zu unreifen Personen als eine primäre auf, zielt auf leichtere Handlungen und verschafft mächtige Lustgefühle; gegenüber Erwachsenen sind diese Perversen sexuell unerregbar. Krafft-Ebing hielt das für eine paradoxe Erscheinung.

Kurz bevor die Mißbrauchsdebatte in ihre heutige heiße Phase trat, resümierte ein unverdächtiges Handbuch den Forschungsstand. Die Kindesbelästiger wurden in drei Arten eingeteilt, die über ein „diskriminierendes Potential" verfügen, d.h. unterschiedliche Erklärung und Behandlung verlangen. Die materialgesättigte und autoritative Abhandlung gelangt zu einer Dreier-Typologie der Delikte an Kindern:[3]

- der *echte Pädophile* interessiert sich allgemein für soziale Kontakte zu Kindern, eingeschlossen eine sexuelle Seite;
- der *Ersatzobjekt-Täter* befriedigt sich ersatzweise bei einem Kind, weil er den Zugang zu einem Erwachsenen nicht schafft;
- der *aggressiv-sadistische Täter* greift aus pathologischem Grund zur Gewalt.

In diesem Buch stelle ich ausschließlich den ersten Typus vor, dem schätzungsweise 5 % der pädosexuell aktiven Männer zuzurechnen sind.

Wie ich auf das Thema gekommen bin

Wie kam ich zu einem Gegenstand, den fast alle meiden, und wie bin ich als empirischer Sexualforscher vorgegangen? Um 1980 hatte ich öffentlich nach der Opferqualität einiger Sexualdelikte gefragt. Deswegen wandte sich in der Folgezeit eine Reihe von Strafbedrohten an mich. So einig man sich darüber war, daß der sexuelle Mißbrauch von Kindern unterbunden und bestraft werden muß, so übel war die Lage der erklärten Kindesliebhaber. Zwischen sich selbst und einem Mißbraucher sahen sie ungefähr so viel Gemeinsames wie zwischen einem sexuell aktiven Mann und einem Vergewaltiger. Sie waren mit sich selbst im reinen und hielten ihre erotisch-sexuelle Praxis für in Ordnung, ja sogar nützlich für die Kinder. Vor Gericht indessen schlug ihnen gerade das zum Nachteil aus: Ihre Taten bedeuteten keinen Ausrutscher, sondern waren planmäßig begangen und würden sich gewiß wiederholen. Nur ihrer Zärtlichkeit und Fürsorge hatten sie es zu verdanken, nicht viel früher aufgefallen zu sein. Nun aber standen drakonische Strafen und allerlei Aufsichtsmaßnahmen an.

Was konnte ich den *Pädos* – so nannten sie sich in Abgrenzung zu den Mißbrauchern – raten? Kriminalpolitische und sexualwissenschaftliche Fürsprache genossen sie kaum. Im Gegenteil: Seit den frühen Achtzigern entwickelte sich eine besondere Sensibilität hinsichtlich des Inzests und Kindesmißbrauchs. In der Fachliteratur fanden sich nur wenige Studien, die sich mit der sozialen und ethischen Möglichkeit einer Pädophilie beschäftigten. Da diese Untersuchungen meist von offensichtlich selbst interessierten und bewanderten Autoren stammten, kam ihnen allenfalls eine eingeschränkte Glaubwürdigkeit zu. Daß die Parteilichkeit kaum je offengelegt war, nährte nur den Pro-domo-Verdacht und machte die Sache nicht besser. Öffentliche Meinung zum Kinder-Sex und Selbstverständnis der Pädophilen standen in denkbar schärfstem Widerspruch zueinander. So lautete mein Rat denn: Ihr müßt euch mehr öffnen, wenn ihr weniger verteufelt sein wollt. Damit setze ich auf die aufklärende Kraft erfahrungswissenschaftlicher Vernunft.

Wie wir vorgegangen sind

Die Situation ist da, sagte ich mir 1990, als die Finanzierung eines mittleren Forschungsvorhabens klappte.[4] Die aus einer Psychologin und zwei soeben diplomierten Sozialwissenschaftlern sowie mir bestehende Studiengruppe – niemand darunter mit einschlägiger Vorliebe – begann das Projekt. Es hieß *Phänomenologie sexueller Kontakte zwischen Erwachsenen und Kindern* und bezog sich auf Männer und Frauen, auf Mädchen und Knaben. Die Suche nach pädophilen Frauen blieb zwar nicht völlig erfolglos, erwies sich aber als so schwierig, daß dieser Teil des Projekts vorzeitig beendet wurde.[5] Bei den pädophilen Männern öffneten uns die schon erwähnten Gespräche den ersten Zugang, über den wir bald hinausgehen konnten, um Interviewpartner in sehr verschiedenen Lebensumständen zu gewinnen. Neben den einigermaßen selbstbewußt auftretenden Knabenliebhabern haben wir schließlich auch die versteckter lebenden Mädchenfreunde aufgefunden.

Dies ist das erste deutschsprachige Projekt, das die sozio-sexuellen Seiten der Pädophilie empirisch erforscht. Es bewegt sich entschieden außerhalb psychiatrischer oder kriminologischer Ansätze, die auf so eingeengte Populationen wie Patienten, Anstaltsinsassen oder Straffällige beschränkt bleiben müssen. Unser Vorhaben zielt auf das sogenannte Dunkelfeld, d.h. wir beschreiben eine unausgelesene Gruppe. *Pädophilie* wird von uns gegen *Inzest* und *Kindesmißbrauch* abgegrenzt: Die Erwachsenen-Kind-Kontakte finden nicht innerhalb der Familie statt, stellen keine Ersatzhandlungen dar und beruhen nicht auf Gewalt als Selbstzweck.

Wir haben sechzig Männer interviewt. Eine Reihe weiterer Pädophiler führte mit uns informelle Gespräche oder überließ uns Aufzeichnungen. Die mehrstündigen Interviews wurden so offen wie möglich gestaltet. Ein Leitfaden half, keinen wesentlichen Aspekt zu vergessen. Unter den Befragten befanden sich zu etwa zwei Dritteln Knabenliebhaber, zu einem Drittel Mädchenfreunde, einige zeigen sich an beiden Geschlechtern interessiert.

Skeptiker pflegen zunächst einmal die Gültigkeit solcher Untersuchungen zu bestreiten, weil die Auswahl der Befragten nicht repräsentativ sei. Gewiß, unsere Stichprobe wurde *nicht* aus der Grundgesamtheit aller pädophilen Männer gezogen, und zwar einfach deshalb, weil diese notwendig unbekannt ist. Ein brauchbares Kriterium müßte sein: Welche Erhebung reduziert die denkbaren Verzerrungen in der Auswahl? Die üblichen Studien kriminologischer oder psychiatrischer Provenienz versuchen nicht einmal, aus dem Ghetto ihrer Spezialfälle – straffällige und/oder therapiebedürftige Männer – herauszukommen. Wir hingegen haben die Untersuchungsgruppe auf vielfältige Weise zusammengesetzt: Gruppenbesucher angesprochen, Suchanzeigen in Stadtzeitungen aufgegeben, in FKK-Zeitschriften inseriert, uns im Schneeballverfahren weiterempfehlen lassen. Unsere Stichprobe entstammt also dem weitesten Einzugsgebiet, das wir uns vorstellen und erreichen konnten.

Die über mehrere Jahre laufende Untersuchung hat uns manchen forschungsethischen Kopfschmerz bereitet. In einer pädosexuellen Begegnung wendet das Kind seine genitale Potenz einem Mann oder einer Frau zu, die oder den es entweder später überhaupt nicht oder so jetzt noch nicht begehrt. Dieser Widerspruch wirft Fragen auf, und zwar jenseits aller allgemeinmoralischen Bedenken. Wie verarbeitet das Kind das Erleben? Das ist eine empirisch zu beantwortende Frage, die kaum erforscht wird und in vielen westlichen Ländern nicht einmal erforscht werden darf. Negative Antworten sind weder logisch noch entwicklungspsychologisch vorgezeichnet. Zudem sind soziale und emotionale Diskrepanzen zwischen den Beteiligten einer sexuellen Situation aus vielen anderen Szenen geläufig. Nicht zufriedengeben kann man sich mit der kategorischen Argumentation von David

Finkelhor, dem Haupt seriöser Forschung über Kindesmißbrauch in den USA. In einer aufschlußreichen Debatte über die vielgelesene Erhebung von Theo Sandfort befindet Finkelhor, für das Pädosexualitätsverbot komme es letztlich auf empirische Forschung *nicht* an: „Einige Arten sozialer Beziehungen verletzen tief verwurzelte Werte und Prinzipien unserer Kultur über Gleichheit und Selbstbestimmung. Sex zwischen Erwachsenen und Kindern ist eine davon.“[6]

Ich möchte hier genauer argumentieren: Der Moralverstoß liegt nicht im pädosexuellen Akt selbst, sondern in der unwillkommenen Adressierung, Ausbeutung, Ausnutzung eines anderen, d. h. in der Beeinträchtigung von dessen Persönlichkeitsentfaltung. Wo die Autonomieverletzung beginnt, ist begrifflich und empirisch zu klären, aber für eine Begegnung zwischen Erwachsenem und Kind steht sie nicht immer schon logisch fest. Ganz offensichtlich kommen wenigstens einige Beziehungen vor, bei denen keine Intervention vonnöten ist: Die Kinder hängen an ihrem Liebhaber und könnten ihn jederzeit verlassen, wenn sie nur wollten.

Erotische Attraktionen am Kind

Es gibt ausgewachsene Menschen, die Kinder nicht nur erotisch bevorzugen, sondern sogar ausschließlich begehren. Diese einfach klingende Erkenntnis verdient festgehalten zu werden. Wenn Pädophilie eine erotisch-sexuelle Präferenz ist, dann wird sie sich zwangsläufig melden und hervortreten. Sie vorschnell als Fixierung zu relativieren und als Perversion der Psychiatrie zu überantworten verbaut den Zugang. Daß es Erwachsene gibt, die auf stabile Weise pädophil orientiert sind, hat der Sexualpsychologe Kurt Freund in seinem Labor nachgewiesen.[7] Pädophilie wird in den dort durchgeführten Experimenten allein durch die Genitalreaktion bestimmt. Als operationale Definition im forschungstechnischen Sinne mag das angehen, doch bleiben Fragen offen, zum Beispiel: Was bedeutet die erotische Präferenz für das so orientierte Subjekt? Für zentrale Sexualformen wie männliche und weibliche Heterosexualität liefert der allgemeine Diskurs einige Antworten. Bei randständigen Sexualformen hingegen schweigen Belletristik und Massenmedien, oder es verzerren Horrormeldungen, Moralkampagnen oder Zoten das Bild. Selbstberichte werden von Kurt Freund als Informationsquelle abgelehnt, weil Pädophile selten ihre wahren erotischen Phantasien zulassen würden. Das mag voreilig geurteilt sein; doch auch ich empfinde die autobiographischen Schriften der Pädophilen als wenig anschaulich. Hier führt unser Unternehmen weiter, durch intensive Interviews die Erlebnisse und Wünsche zu erkunden.

Vor dem Auge des pädophilen Verlangens steht ein ‚richtiger Knabe' bzw. ‚richtiges Mädchen'. Begehrt wird genau das, was die typischen Merkmale eines Mitglieds der nachwachsenden Generation trägt. Nicht das zahlenmäßige Alter entscheidet, sondern ein Bündel körperlich-charakterlicher Eigenschaften. So ernst nimmt der Pädophile den jungen Menschen, daß er zu ihm in eine Liebe fallen kann.

> Inzwischen habe ich mich viel näher mit dem Wesen der Kinder selbst beschäftigt. Ich habe mich auf die Seite der Jugend geschlagen. Wo stehen Kinder, wie verhalten sie sich, was wünschen sie – das ist für mich inzwischen nicht nur eine Augenweide, sondern ein ganzes Erlebnis.
>
> In meinen Augen ist der Junge nicht das kleine Kind, das behütet werden muß, sondern für mich ist das Kind ein Mensch. Ich nehme es für voll, auch wenn die manchmal mit ihren total blöden Bedürfnissen kommen.
>
> Ich brauche die Emotionalität der Kleinen.

Das heißt, nicht das Halbe, Unfertige wird erotisiert, sondern das Wesen eigener Art. Nach der pädophilen Vorstellung ist ein Kind kein leeres Gefäß, in das nach und nach Kultur eingeflößt wird, bis es erwachsen geworden ist; sondern das Kind besitzt eine ursprüngliche Art, die es liebenswerter macht, als je ein Erwachsener sein könnte. In zahlreichen Wendungen schildern unsere Befragten die Aufrichtigkeit und Unmittelbarkeit der Kleinen. Und geliebt wird nicht die Knospe, sondern das Kind selbst ist die Blume, die erblüht:

> Das Alter, das mich reizt, beginnt bei acht Jah-

ren, je nachdem wie die Entwicklung gerade ist. Mit acht Jahren kann ein Mädchen anfangen zu reifen. Am schönsten ist es, wenn's um die zehn Jahre oder elf Jahre alt ist, das ist eigentlich die Blütezeit. Dann ist sie wie eine Rose, die sich voll entfaltet hat.

Das Kind ihrer Präferenz – da gibt es recht verschiedenartige Akzente – bezaubert die Pädophilen buchstäblich. Manche reden vom magischen Alter. Andere erleben die besondere Ausstrahlung eines Kindes. Nicht bloß die Aussicht auf sexuellen Kontakt zieht sie an, sondern bereits der ganz natürliche Umgang mit Jungen, das Leben im Dunstkreis der Knaben.

Dazu aufgefordert, ein konkret geliebtes oder auch ihr ‚ideales Kind' näher zu beschreiben, nennen die Befragten zahlreiche Merkmale. Der einzelne benutzt eine kleine Auswahl davon, eine charakteristische Mischung, die dann wiederkehrend auftaucht. Manche meinen, sie richteten sich nicht nach besonderen Merkmalen. Ich gruppierte die vorkommenden Eigenschaften für das Wunschkind. Hier einige Beispiele: liebevoll, zärtlich; intelligent, aufgeschlossen; keck, frech versus brav, ruhig, still, kein Rabauke. Es werden also auch gegensätzliche Merkmale genannt: frech versus brav. Die Pädophilen folgen keinem Einheitsgeschmack. Nach meinem Eindruck nehmen sie Kinder so wahr, wie es die anderen Gesellschaftsmitglieder auch tun, und überdies schauen sie sehr genau hin.

Über das schwierige Verhältnis zwischen äußeren und inneren Qualitäten des Objekts zerbrechen sich die Männer den Kopf, was übrigens in unserer Stichprobe nur Knabenliebhaber tun; hinsichtlich der Mädchen scheint es diesen Konflikt so nicht zu geben. Die eine Fraktion setzt ihre

Priorität bei den kommunikativen statt bei den ästhetischen Werten.

Viele meiner Jungs waren eigentlich nicht unbedingt schön. Wenn man eine feste Freundschaft will, ist Schönheit nicht das Wichtigste. Schönheit ist 'ne nette Zugabe. Aber das Wichtige ist, daß man mit einem Jungen für längere Zeit auskommen kann, daß man Gemeinsamkeiten hat.

Ob er schwarz ist oder blond oder brünett oder Sommersprossen hat, das ist mir vollkommen gleich. Wenn das Wesen gut ist, wenn er nicht so vorlaut ist und frech – dann mag ich ihn.

Ich kenne Jungen, die auf den ersten Blick überhaupt nicht schön sind. Wenn man dann aber mit ihnen redet, werden sie plötzlich wunderschön, also vom Charakter her.

Es gibt Charaktere, bei denen ich sage, okay, du siehst zwar nett aus, aber dankeschön.

Auf freier Wildbahn entwickeln Jäger andere Routinen als im sozialen Nahraum. Der pädophile Könner geht nicht einfach auf ein ihn attraktiv anmutendes Kind los, sondern sondiert erst einmal mehr oder weniger aufwendig dessen Zugänglichkeit. Er muß hingucken. Daher benennen so viele unserer Befragten den Anblick eines Kindes als den Anfangsreiz. Die Schlagwörter lauten: Optik – Gesicht – Augen.

Das allererste ist nun mal die Optik. Ist klar, sehen tut man zuallererst. Man erlebt ja erst viel später, wie die Jungens wirklich sind. Und wenn man sie erlebt, dann kann auch ein schöner Junge plötzlich an Charme verlieren und möglicherweise nicht mehr interessant sein. Aber das erste ist die Optik, und da könnte ich jetzt ins Schwärmen kommen.

Wonach geht ein Mann wie ich bei Jungs? Im Grunde ist das Gesicht das erste, worauf man guckt, und dann kommt alles andere, dann ist das Gesicht nicht mehr so wichtig.

Im Widerstreit zwischen äußerem und innerem Liebreiz hat das Optische einen schillernden Platz. Einerseits verschafft es unmittelbar ein ästhetisches Wohlgefallen; andererseits liefert es mittelbar Informationen zum Charakter, vor allem über das Gesicht. Die Pädophilen werden davon hin- und hergerissen, und dies womöglich noch mehr als wir alle.

Der kindliche Körper

Für gewöhnlich halten Wissenschaft und Laienmeinung die pädophile Erregung für eine Reaktion auf die physischen Besonderheiten des Kindes, auf den jungen Körper ohne Schamhaar, entwickelte Brüste u.s.f. Eine derart simple Sicht läßt sich nicht aufrechterhalten. Das Nebeneinander physiologischer und soziokultureller Abläufe kennzeichnet *alle* Sexualität. Was den Pädophilen am Kind anspricht, sind keineswegs bloß dessen physische Merkmale wie ein britischer Psychologe mit einer interessanten Forschungstechnik ebenfalls herausgefunden hat.[8]

Dies vorausgeschickt, können wir zur Kenntnis nehmen, wie die Befragten das Kind als körperliche Attraktion darstellen. Jeder von ihnen benennt zumindest einige Merkmale, welche die äußere Statur eines jungen Menschen charakterisieren – Merkmale, die natürlicherweise ausschließlich dieser Lebensphase zukommen. Das pädophile Begehren richtet sich also auch auf die leibliche Gestalt eines Kindes. Die Verschiedenartigkeit der

Kleinen und die Vielfalt von Wunschbildern bei den Großen führen dazu, daß viele körperliche Merkmale in wechselnder Intensität und Kombination angesprochen werden. Wenn die Palette so breit ist, dann dürfte es keinen Pädophilen geben, der niemals auf ein zu ihm passendes Kind träfe; und auch kein Kind, das für den pädophilen Blick immer zu unattraktiv wäre. Der Spruch, wonach jeder Topf einen Deckel finden kann, gilt auch hier.

Gibt es einen Code, in dem Pädophile ihre Gefühle zur Attraktion ausdrücken? Sie benutzen letzten Endes dieselben Wörter und Bedeutungen, mit denen die Gesellschaft allgemein Kinder beschreibt, einordnet und bewertet. Wie es scheint, haben die Pädophilen keine besondere Sprache und Wahrnehmungsweise entwickelt. Sie sehen die Kinder, wie diese sind, nehmen sie sozusagen zum Nennwert. Die Pädoerotik baut insofern auf kein Phantom; sie entzündet sich an den vorhandenen leiblichen und seelischen Zügen ihres Gegenstands. Wie die Kleinen sein sollen, wird unverblümt ausgedrückt:

> Ich steh eigentlich auf sehr kleine, zierliche Jungs, also nichts Robustes.
>
> Ich steh zum Beispiel auf extrem dünne Jungs.
>
> Von jeher haben mich zarte, schlanke Mädchenfiguren angezogen. Immer schon. Mit einem Pummelchen kann ich nichts anfangen. Aber sonst müssen das nicht besonders hervorstechende Merkmale sein.
>
> Sie muß möglichst schlank sein, sie darf nicht kräftig, breit, kurz: sie darf kein Pummel sein. Das ist sehr wichtig, sonst geht kein Reiz von ihr aus.

Dicksein wird zwar öfter als Ausschlußbedingung

genannt, zuweilen recht kategorisch, aber sind nun diese Wohlgenährten sicher vor pädophiler Avance?

> Mit relativ korpulenten Jungs fällt es mir schwerer. Wenn ich merken würde, so einem Jungen wäre ich unglaublich sympathisch, und er würde von sich aus sehr stark auf mich zukommen, dann wäre ich auch dazu bereit.

Die Haare auf dem Kopf erwecken das übliche Maß an Aufmerksamkeit. Da alle Kinder diesen Schmuck noch besitzen, dreht die Phantasie sich um Farbe und Tracht, auch hier im vertrauten Klischee.

> Sie hatte schönes blondes, langes Haar, blaue Augen. Ich mag solche Dinge, vor allem von der Form her.

Viele weitere Dinge, die man attraktiv findet, wurden genannt: die Augen, die Haut, die Stimme, der Körperzustand. Nichts davon könnte als pädotypisch gelten. Die Dinge werden auch in anderen Sexualformen geschätzt, nur daß sie an Erwachsenen und Alten oft nicht mehr vorhanden sind. Von den infantilen Genitalien haben die Befragten wenig gesprochen, obwohl in den Interviews jedes Thema vertieft wurde, wenn es vorkam. Wenig wurde zum Penis gesagt, wenig zur Vagina. Natürlich interessiert man sich für diese Organe, findet sie süß und überschüttet sie mit Aufmerksamkeiten. Die Genitalien werden gewürdigt, aber man erwartet keine bestimmte Form von ihnen. Mit dem Schamhaar verhält es sich anders. An ihm zeigt sich das Fortschreiten des Alters. Die Knabenliebhaber äußerten sich, unter Attraktivitätsgesichtspunkten, nicht allzu dezidiert.

> Ich liebe es, wenn so ein paar ganz leichte Härchen schon zu sehen sind. So ganz sachte aber

> nur, drei, vier Haare. Man darf sie gerade eben erkennen können, mehr sollte nicht sein.
>
> Wenn es mehr wird, zeigt es dir, daß die Beziehung zu Ende gehen kann. Es kann jeden Tag passieren, daß er sagt: „Mein Gott, eigentlich ist das alles schön und gut, was wir da machen; aber es gibt ein Mädchen, das mich noch mehr interessiert."

Dramatischer klangen die Mädchenfreunde. Sie sorgen sich um die Attraktivität der kleinen Geliebten und ziehen eine besonders scharfe Grenze zur erwachsenen Frau.

> Was mich reizt, ist, daß sie noch keine Spur von Schamhaaren haben. Das heißt, ich kann voll sehen was Sache ist. Ihr schönster Ort ist nicht zugewachsen. Die beginnen ja schon mit dreizehn, vierzehn zu wachsen; mit elf spärlich, mit zwölf sieht man schon etwas. Gut, ein paar Schamhaare, das macht mir nichts, das seh ich ganz gerne, aber am liebsten mag ich, wie man im Fachjargon sagt, ball pussy, d.h. nackte Muschi.
>
> Ich habe irgendwie einen Horror vor Schamhaaren. Ich selber bin auch rasiert. Also mit einer Vierzehnjährigen kann ich's mir schon gar nicht mehr vorstellen.

Die Mädchenfreunde thematisieren natürlich auch die Brustregion. Kaum einer, der hierauf nicht achtete. Auf die Größe kommt es an. Für diejenigen, welche die entsprechende Altersgruppe favorisieren, soll der erste Schritt vom nichtvorhandenen zum fertigen Busen einer Frau gemacht sein.

> Für mich muß die Brust ein bißchen Ansätze haben, aber noch total kindliche Formen.
>
> Ich mag die knapp entwickelten Brüste, wenn sie gerade so kleine Halbkügelchen sind.

> Für mich ist das Entscheidende, daß die Brustwarzen gerade so ein bißchen ausknospen.

Erotisierung des Übergangs

Wo das Sprießen, Wachsen, Knospen beschwärmt wird, wie soeben am Beispiel der Mädchenbrust, da richtet sich das pädophile Verlangen auf den Übergang, auf den Wechsel der körperlichen Entwicklungszustände. Die Passage zur Reife entfacht die Lust. Das ist etwas anderes als kulinarischer Appetit auf junges Gemüse. Nicht der Zustand, sondern die Bewegung reizt. Ein Mädchenfreund:

> Was mir gefallen hat, war, daß diese sogenannten primären oder sekundären Attribute in irgendeiner Form langsam kommen mußten. Die ersten Anzeichen haben mich vom Sehen her begeistert.

Mädchenfreunde haben es im allgemeinen schwerer, ihre Neigung glaubhaft darzustellen und auf sprachliche Begriffe zu bringen. Gerade weil sie sich noch in einer Phase der Selbstverständigung befinden, wirken ihre Überlegungen tastend. Die hierbei einfließenden Assoziationen machen das um so aufschlußreicher, wie dieser Interviewausschnitt zeigt.

> Ich glaube, daß es auch ein bißchen das Unfertige eines Körpers ist, das mich anzieht. Etwas, wo der Phantasie noch Raum gelassen wird, sich vorzustellen, wie so ein Mensch sich weiterentwickelt. Der Mensch ist nicht in einem Endzustand; den gibt es ja gar nicht. Ich habe noch die Chance, ein Stück Entwicklung mitzuerleben. Und das ist etwas, was in meinem ganzen Leben, auch im geistigen, wichtig gewesen ist: mich entwickeln zu wol-

len und Entwicklung zu erleben. Es ist mir ein schrecklicher Gedanke, irgendwo stehenzubleiben. Deswegen ist es mir zum Beispiel auch ein schrecklicher Gedanke, ein Eigenheim zu besitzen; ich habe immer die Vorstellung, dann meinen Sarg zu haben. Ich möchte gerne immer unterwegs sein. Das prägt auch den sexuellen Aspekt der ganzen Sache, das fasziniert mich an Kindern, daß ich bei ihnen in meiner Erfahrung, in meiner Phantasie noch unterwegs sein kann.

Unter Päderasten im engeren Sinn gilt es als ausgemacht, daß der Ältere dem Jüngeren stets auch Pädagoge ist. Schon im antik-griechischen Modell war der Erastes zugleich Liebhaber und Erzieher.[9] Auch einige der heutigen Knabenliebhaber bestehen darauf:

> Mein Ziel ist nicht, ihn auszubeuten und ansonsten zu sagen, ist mir wurscht, Hauptsache, ich habe meinen Spaß; sondern mein Ziel ist schon, ihn zu erziehen.
>
> Mein Traum ist vielleicht der Urtraum aller Pädophilen, daß ich mir vorstelle, wie die alten Griechen lebten: einen kleinen Jungen zum Erziehen zu haben, obwohl der Junge damals fast schon aus der Pubertät war und zum Kriegshandwerk, zum Mann erzogen werden sollte.

Die Faszination des Übergangs drückt sich auch angesichts der sexuellen Konkreta aus.

> Es ist schön zu erleben, wenn du ihn mit zwölf kennenlernst, wie er heranwächst. Wenn du den ersten Orgasmus von ihm erlebst, wenn du den ersten Samenfluß von ihm erlebst, wenn du ihm das alles erklären kannst. Das ist ja auch was Neues, was auf ihn zukommt. Es ist wunderschön.
>
> Ich möchte sehen, wie er sich entwickelt, bis der

> Samenerguß kommt. – Wenn ich einen Jungen habe, der zehn, elf ist, wünsch ich mir immer, daß er jetzt endlich so weit kommt, daß ich der erste Mensch bin, der seinen Samen schluckt.
>
> Ich würde keine sexuelle Beziehung mit einem Jungen von fünfzehn aufwärts beginnen. Anders ist es, wenn ich den von früher kenne. Für mich wär's vielleicht auch interessant gewesen, wenn dieser Junge, der jetzt einundzwanzig ist, noch einmal mitgemacht hätte. Es wäre schon reizvoll gewesen zu sehen, wie er sich entwickelt hat und wie jetzt so seine Empfindungen sind.

Jemandes Entwicklung zu beobachten, zu begleiten und zu betreuen gehört zu den Urmotiven menschlicher Beziehungen, auch in der Liebe. In der Pädophilie erlangt dieser Zug einen auffällig hohen, beinahe verselbständigten Stellenwert. Warum ist das so? Nicht alle Übergänge werden gepriesen, schon gar nicht solche, die einen Abstieg signalisieren. Zu den gesellschaftlichen Grundwerten gehören (oder gehörten) Wachstum und Leistung, allen Unkenrufen zum Trotz. In der Pubertät nun führt unser Körper dramatisch vor, wie er wächst und was er leistet, und zwar im primären Rahmen der Geschlechtlichkeit. Kein Wunder also, daß dieser Übergang sich erotisieren ließ.

Die Dimensionen Alter und Geschlecht

Werden junge Menschen geliebt, weil sie noch nicht so festgelegt sind auf *entweder* männlich *oder* weiblich? Auf diese Weise wird die Pädophilie oft zu erklären versucht. Man denkt an die antike Ephebenliebe und betrachtet die anmutigen Statuen junger Männer, geschaffen zwischen dem siebten und fünften Jahrhundert v. Chr. Für Sigmund Freud ist es „nicht der männliche Charakter des Knaben, sondern seine körperliche Annäherung an das Weib sowie seine weiblichen seelischen Eigenschaften", die den Mann entflammen.[10] Und Camille Paglia nennt die Ikone des Schönen Knaben „ein Androgyn, ein leuchtendes Zugleich von Maskulin und Feminin".

Diese Annahmen meinen es gut: Sie fühlen sich in schwer Begreifliches ein und weisen sachte auf einen therapeutischen Weg in die Heterosexualisierung. Allerdings führen sie einiges Ungereimte mit sich. Zunächst einmal beziehen sie sich bloß auf die Knabenliebe; denn in unseren Mädchen vermag auch jene Spekulation nichts besonders Männliches zu entdecken. Sind denn junge Menschen, jenseits des Kleinkindalters, geschlechtlich offen, uneindeutig oder gar doppelgeschlechtlich? Nein, und wenn ja, dann wären die Pädophilen die perfekten Bisexuellen: beide Geschlechter in einem einzigen Objekt begehrend.

Daß Kindheit und Jugend *für sich* erotisiert

werden, können solche Thesen nicht wahrhaben. Sie sehen nur die Vermeidung erwachsener, andersgeschlechtlicher Sexualobjekte. Pädophilie würde letztlich zirkulär erklärt, nämlich als das Verfehlen einer reifen Heterosexualität. Schauen wir uns zunächst an, wie die Pädophilen das bevorzugte Alter abgrenzen und wie sich das zum bevorzugten Geschlecht verhält.

Die vielen Alter der Kindheit

Aus der Biographieforschung wissen wir, daß Altersnormen nicht (mehr) empirisch wirksam sind: Sie bewegen nicht den Lebenslauf, schaffen keinen sozial gültigen Fahrplan.[11] Ebensowenig können sich Normen zum Altersabstand noch durchsetzen. Überholt sind Vorstellungen zur Vorzeitigkeit oder Verjährung, über ‚zu früh' oder ‚zu spät', handele es sich nun um Turnerinnen oder Computerspieler, um Diebe oder Bettlerinnen.

Pädophile folgen keiner Altersnorm, sondern ihren verschiedenen Phantasmagorien über ein Mädchen oder einen Jungen. Nicht Kindheit rechnerisch, als ein zahlenmäßiges Alter von null bis etwa vierzehn, wird erotisiert, sondern ein bestimmter Ausschnitt davon. Der Altersabstand zwischen liebender und geliebter Person ist ohnehin groß und für beide unzweifelhaft vorhanden; auf ihn kommt es auch an. Die Magie der Zähljahre ist bei den Pädophilen beinahe geringer als in anderen Sexualszenen: Bei einem Ehepaar sollte die Frau einige Jahre jünger sein, bei einem Schwulenpaar der jeweils andere mehrere Jahre jünger usw. Erst die Obacht gegenüber Schutzaltersgrenzen stößt den Pädophilen auf die Zahlen.

> Altersgrenzen sind dadurch fließend, daß eigentlich die körperlichen Merkmale was Wichtigeres sind. Wenn einer mit 15 Jahren, was gerade bei südländischen Typen häufig vorkommt, schon allzusehr behaart ist an den Beinen und so, dann ist das für mich ziemlich sextötend. Diejenigen, die mit 16 noch wie 12 sind, mit denen kann ich auch mit 18 oder mit 20 noch schlafen. Und was das Alter nach unten angeht, es gibt Zehnjährige, die sind schon relativ gut entwickelt vom Körperbau her, und die machen genauso an wie Vierzehnjährige; wohingegen Zwölfjährige, die noch die Figur eines Neunjährigen haben, für mich uninteressant sind.

Insgesamt besteht eine breite Palette von Altersspannen, für die sich Pädophile interessieren. Auch sie sehen die vielen Phasen, die ein Kind durchläuft:

> Also ich finde, an einem zehn-, elf-, zwölfjährigen Jungen gibt's tolle Seiten. Diese Ausgelassenheit, dieses Fröhliche, Verspielte, Unkomplizierte, relativ Unkomplizierte – das ist das, was mich aufleben läßt. Auf der anderen Seite ist ein Junge, der 15, 16 ist und über verschiedene Sachen nachdenkt, über sich selbst, über die Welt etc. eine ganz andere Ebene.

Wir haben das Thema stets angesprochen, mußten uns aber mehrfach mit ungefähren Antworten zufriedengeben. Sei es, daß die Befragten aus Schutzgründen sich nicht allzu deutlich festlegen wollten; sei es, daß sie ihre Wünsche selber moralisch bedenklich fanden; sei es, daß nicht blanke Zahlen vor ihren Augen standen, wie ich vermute und wie einige Erläuterungen zur Alterspräferenz zeigen.

> Ich würde sagen, sechs bis sechzehn. Das Ent-

scheidende ist nicht die Frage, wie alt, sondern wie jungenhaft er ist.

Vielleicht ab fünf Jahren bis sechzehn, siebzehn, so in dem Bereich. Das Wichtige daran ist ja, daß eine Rückkopplung erfolgt, eine Rückstrahlung der Gefühle. Ein drei- oder vierjähriger Junge wird das noch nicht in dieser Form ausstrahlen. Ich kann mir das also schlecht vorstellen mit einem Säugling oder einem zwei-, dreijährigen Jungen. Ich habe ja selber ein kleines Kind. Das sind andere Gefühle; da ist das fürsorgliche Gefühl doch wesentlich stärker ausgeprägt.

Die Befragten scheinen überwiegend Jugendliche am Beginn und im Verlauf der Pubertät zu begehren, jedenfalls die Knabenliebhaber. Hier erleben sie die Faszination des Übergangs am stärksten.

Das Früheste ist so ab elf. Alles darunter würde ich als Mißbrauch ansehen. Für mich ist wichtig: Der Junge muß selbst Gefühle schon empfinden können. Du darfst sie ihm nicht aufzwingen. Er muß im Intimbereich schon selbst Gefühle empfinden, eigentlich muß er schon wissen, was er will.

Hinsichtlich Vorpubertärer haben solche Männer zwar ein Augenmerk auf, auch ein Wohlgefallen an und leichte erotische Empfindungen für sie, doch Sexuelles scheint zurückzustehen.

Ich habe Gefallen daran, mich einfach mit den Jungs über dies und jenes zu unterhalten, auch wenn ich gar nicht daran denke, mit dem ins Bett zu gehen, weil er mir zu klein dazu ist. Aber das ist ein sehr hübscher Junge, und auch das bringt was, was Ästhetisches, was Optisches. Aber mit irgendwelchen hübschen Vasen oder hübschen Kleinplastiken kann ich auch nicht ins Bett gehen. – Ein Junge, der noch nicht direkt in meine Sexwünsche paßt, weil er eben noch nicht abspritzen kann, ist schon ein hübscher Junge, zumindestens wird er mal einer, das kommt ja.

Bei richtige Kindern, bei denen von der Pubertät noch nichts zu merken ist, interessiert mich die Sexualität nicht. Die finde ich zwar alle ganz lieb und nett, und von mir aus können wir mal am Zipfelchen rumspielen; aber das ist es nicht, worauf ich voll abfahr. Bei mir beginnt es sehr zu klingeln, wenn die Pubertät losgeht.

Menschen, die nicht jung genug sind oder wirken, geraten nicht vors pädophile Visier. Innerhalb einer bestehenden Beziehung flaut dann das sexuelle Interesse merklich ab und entschwindet. Daß die Freundschaft fortbesteht, falls der jüngere Teil nicht einfach wegbleibt, wird an anderer Stelle erörtert. Allerlei körperliche und soziale Anzeichen werden genannt, daß die Kindheit vergeht: Stimmbruch, Machoverhalten, Haare, Bart, „dann erlischt das Interesse. Von mir aus und auch vom Jungen aus, weil er dann nämlich mit Mädchen geht." Oder über Mädchen: „Als die so dreizehn, vierzehn wurden, da habe ich langsam das Interesse verloren. Dann fingen die an, sich übermäßig zu schminken."

Das Kind hat ein Geschlecht

Eine gewisse Denktradition pflegt die Annahme, die Objekte der Kinderliebe seien weitgehend geschlechtslos. Bevor die Pubertät einsetzt, seien die Körper wenig auseinanderentwickelt. In der Art und Weise, wie Literatur und Medien des

19. und 20. Jahrhunderts das Kind portraitiert haben, seien die Geschlechtsunterschiede eingeschmolzen. Pädophilie überschreite nicht nur die Grenze zwischen den Generationen, sondern auch die zwischen weiblich und männlich. Diese Thesen beziehen sich auf eine zurückliegende Zeit.

James Kincaid, Professor für Englische Literatur, hat sich Stoffe aus Literatur, Film usw. vorgenommen, um die Konstruktion und Dramaturgie der Liebe zu Kindern herauszuarbeiten. Ein kühnes Vorhaben, und es zeitigt erstaunliche Ergebnisse. Kincaid behauptet, die Geschlechtszugehörigkeit des Kindes mache in der pädophilen Phantasie wenig aus, denn diese ziele darauf, Differenzen, vor allem des Alters, einzuebnen und Gegensätze abzubauen.[12] Die deutlich wahrnehmbare Präferenz für Mädchen bzw. Jungen bei den Schöpfern der „Alice im Wunderland“ bzw. des „Peter Pan“ werden als Idiosynkrasien der Autoren wegerklärt. Unsere Befragten hingegen – sozusagen Autoren einer aktuellen Pädophilie, keiner viktorianischen – pointieren ihre Vorliebe spürbar auch nach dem Geschlecht.

Was die Pädophilen berichten, unterstützt keine Androgyn- oder Geschlechtsneutralitätsthese. Ganz im Gegenteil: Die Frage Mädel oder Bube beschäftigt sie. Sie ermitteln die Richtung ihres Wunsches in Gedanken oder durch Ausprobieren, und danach wissen sie über sich Bescheid. Ausnahmen von der Regel und Abweichungen von der Linie kommen gelegentlich vor, trüben aber nicht den klaren Befund: Das begehrte Kind hat ein Geschlecht im Sinne von weiblich oder männlich. Der Pädophile ist in den meisten Fällen entweder Mädchenfreund oder Knabenliebhaber.

Nachdem ich diesen Befund pointiert habe,

muß ich redlicherweise hinzufügen: Dies ist meine Interpretation der Interviewtexte. Die Befragten redeten meist nicht sehr entschieden. Sie beschäftigten sich zwar mit dem Geschlechtsunterschied, schlossen aber des öfteren einen möglichen Kontakt zum jeweils anderen Geschlecht in ihrer Phantasie nicht aus. Mir schienen sie meist eindeutig einem bestimmten Geschlecht zuzuneigen, wie ich aus ihren Erfahrungen und weitläufigen Schilderungen entnahm. Selber indessen sind sie nicht immer so strukturiert und ausdefiniert, daß sie sich als ausschließlich einem einzigen Geschlecht zugeneigt bezeichnen würden. Sozialhistorisch gesehen, befindet sich Pädophilie möglicherweise in einem Durchgangsstadium, bei dem das begehrte Kind sein Geschlecht erst endgültig erhält. So lautet denn eine abgeschwächte Version meiner Behauptung: Das Kind ist für den Pädophilen nicht geschlechtslos.

Schauen wir uns an, wie einer der Männer, ein Handwerker von Mitte zwanzig, seine Geschlechtspräferenz herausfand:

> Ich habe mir immer eingebildet, auf Mädchen zu stehen. So ein Kind, das war toll. Ich kann das nicht objektiv sagen. Ich sehe das so, daß ich zwar eigentlich immer Jungens wollte, mir aber gedacht habe, mit Mädchen ist es vielleicht noch eher akzeptiert. Ich schau heute nicht mehr nach Mädchen. Ich habe mir das damals eingeredet, weil ein Mädchen halt auch ein Kind ist. Aber jetzt weiß ich, daß es das Mädchen nicht ist, daß es halt der Junge ist. Der hat einfach 'ne ganz andere Art, der Junge.

Wer bei sich die Neigung zum Kind entdeckt, hat damit den größten Schritt vom Wege bereits getan. Sobald er das Erschrecken darüber, die Normalität zu verlassen, einigermaßen überwunden hat, stehen weitere Entscheidungen an: Wie klein und welchen Geschlechts soll das begehrte Kind sein? Und warum dieses eine Geschlecht und nicht das andere? Zunächst die Knabenliebhaber:

> Es ist die Mischung aus Abenteuerlust und Anlehnungsbedürftigkeit. Die Sehnsucht nach Zärtlichkeit auf der einen, das Draufgängerische auf der anderen Seite.
>
> Mit einem Jungen kann ich umgehen. Ich wüßte gar nicht, wie ich mit einem Mädchen umgehen sollte. Ich kann zwar mit einem Mädchen spielen, aber auf der emotionalen Basis fällt es mir wesentlich leichter mit Jungen.
>
> Kleine Mädchen finde ich recht niedlich, aber sexuell würd ich nichts machen, weil mir da was fehlen würde. Mir gefällt das, an so einem kleinen Schwanz rumzuspielen. Und das geht bei den Mädchen nun mal nicht.

Auch die Mädchenfreunde betonen ihre Präferenz.

> Ich mag so gern weiche Gesichter mit schönen Augen. Natürlich gibt es bei Jungen genauso weiche Gesichter; letztlich guckt man das alles durch die Brille der eigenen Sexualität. Das eine reizt einen, das andere nicht. Ich finde Mädchengesichter, eine gewisse Art von Mädchengesichtern sehr attraktiv und Jungengesichter kaum. Und wenn ich mal einen gutfinde, dann deswegen, weil er so mädchenhaft weich aussieht. Der Körper ist auch ganz anders. Mädchen, acht- oder zehnjährige Mädchen, sind ganz anders geformt als Jungs, auch von hinten, sie haben einen ganz anderen Po, Mädchen sind irgendwie so weiblich gerundet.
>
> Jungen interessieren mich überhaupt nicht.

Mit einem Jungen hätte man mich hier ins Bett sperren können über Nacht, da hätte sich nichts getan.

Nicht jeder unserer Gesprächspartner legte sich so entschieden fest. Ob ihn auch ein Kind des anderen Geschlechts beeindrucke, das überlegt sich mancher, zumal bei den Mädchenfreunden. Aber es bleibt dann doch Theorie, ohne Sexualkontakt. Sexuell kann mit einem Kind des eigentlich nicht gewünschten Geschlechts etwas stattfinden, solange der Pädophile selbst noch experimentiert. Danach vielleicht einmal im ‚Notfall': „Es kommt mal vor, wenn es echt knapp wird, wenn irgendwo eine Spannung entsteht. Dann setzt man sich auch mal mit einem Jungen zusammen. Aber nicht daß ich mit ihm ein Team werden möchte."

Mädchen und Knaben gleichermaßen

Gibt es den bisexuellen Pädophilen? Drei unserer sechzig Gesprächspartner gaben an, Mädchen und Jungen gleichermaßen zu mögen. Ihre Erfahrungen mit Kindern sind gering, und mit dem Pädophilsein haben sie gehörige Schwierigkeiten. Sie verkehren auch mit erwachsenen Partnern. Diese Vielseitigen kennen keine Grenzen des Alters und Geschlechts. Scheinbar frei zirkuliert ihr Begehren durch jede Menschenmenge. Unbeantwortet blieb für mich die Frage, warum ihre Restheterosexualität sie nicht befähigt, die Risiken einer pädophilen Existenz zu meiden.

Durch meine Bisexualität fahr ich auf jedem Gleis in gewissem Sinne.

Für mich gibt es eigentlich keine Unterschiede. Ich sehe nackte Männer oftmals genauso gern wie nackte Frauen. Jeder hat so seine eigenen Bedürfnisse und seine bestimmten Menschentypen. Das bezieht sich bei mir auf Männer genauso wie auf Frauen, auf Jungen genauso wie auf Mädchen. Es kann mir also aus allen vier Gruppen jemand begegnen, der äußerlich enorm sympathisch ist.

Die Grenzen zwischen männlich und weiblich – glauben wir nicht alle, unter der Kluft zu leiden? – können sich hier auch einmal verwischen. Das Objekt wird doppelgeschlechtlich, und die vorhin abgelehnte Androgynthese könnte neue Nahrung erhalten.

Der war ein bißchen mädchenhaft in der Figur. Schlank und dunkle, relativ lange Haare. Also nicht direkt männlich. Es sind immer die mädchenhaft wirkenden Jungens, die mich interessieren.

Der Gesamteindruck darf sicher nicht verallgemeinert werden. Denn die zitierten Männer bleiben als Pädophile blaß; ihre Sexualität ist wenig strukturiert.

Nehmen wir an, daß eineiige Zwillinge, ein Junge und ein Mädchen in einem schönen Alter, so Anfang zehn, nackt vor mir stehen. Ich könnte mich da nicht entscheiden. Die müßten mit mir sprechen, das Innere spielt in dem Moment für mich eine Rolle. Ich könnte mich nicht äußerlich entscheiden. Ich habe noch nicht rausbekommen, woran es liegt. Es gibt Zeiten, da würde mich ein Mädchen mehr reizen, und es gibt Zeiten, da würde mich ein Junge mehr reizen. Das sind möglicherweise Einflüsse, die das Klima bedingt, das Wetter, die Jahreszeit oder die Menschen, die man auf der Straße sieht oder vorgestern gesehen hat, was weiß ich. Ich versuche immer, in mir zu wühlen; aber alleine komme ich da nicht ran.

Überzeugender klingen die, die sich in ihrer Neigung zu Kindern eines bestimmten Geschlechts seelisch und praktisch sicher sind und daneben einen gewissen Appetit auf Ausflüge verspüren. Diese Spielart von Bisexualität muß nicht zum Scheitern verurteilt sein. Ein Knabenliebhaber mit geringer Mädchenerfahrung:

> Ich hätte gerne mal eine niedliche kleine Freundin. Ich sehe ja viel; es gibt bildhübsche Mädchen, bei denen ich mir sage, die hat bestimmt Spaß daran. – Mädchen haben eine ganz andere Art. Das Gemeinsame ist, daß mich Mädchen vor der Pubertät interessieren. Im Prinzip ist es die gleiche Körperform; sie haben was Kindliches. Es gibt auch Unterschiede vor der Pubertät, z. B. Mädchen mit einem sehr breiten Becken, sehr fraulich; das sind Schlüsselreize, auf die ich nicht anspringe. Es sind eigentlich mehr die Mädchen, die genausogut ein Junge sein könnten.

Unterschiede zwischen Knaben- und Mädchenliebe

Bei jeder sexualwissenschaftlichen Untersuchung gibt es das Dilemma: Wie halte ich es mit dem Geschlechtsunterschied? Alfred Kinsey schrieb einfach zwei Reporte; einen über den Mann, einen über die Frau. Viele Autoren denken in maskulinen Kriterien; manche Autorinnen beziehen sich nur noch auf Weibliches. Keine sexuelle Handlung ist ohne die Geschlechtszugehörigkeiten der Beteiligten angemessen zu begreifen. Es existieren immer mindestens zwei Versionen, beispielsweise von der Selbstbefriedigung, der gleichgeschlechtlichen Liebe oder der ehelichen Wirklichkeit. Das Sexuelle selbst hingegen ist nicht halbiert. Es gehört, sozusagen oberhalb der Geschlechtertrennung, zum Menschen. Daher schildere ich in diesem Buch auch die Pädophilie in ihrem gemeinsamen Kern, bevor ich nach den Unterschieden frage, von denen einige bereits erwähnt worden sind.

Wenn unsere Gesprächspartner ihre erotischen Gefühle erläuterten, benutzten sie oft solche Bezeichnungen, mit denen junge Menschen weiblichen bzw. männlichen Geschlechts pauschal benannt werden. Die Mädchenfreunde betonen, die begehrte Person müsse *mädchenhaft* sein, die Knabenliebhaber sprachen von *jungenhaft.* Darin liegt keineswegs eine nichtssagende Leerformel. Vielmehr bringen die Befragten zum Ausdruck, daß sie am Kind die physischen und seelischen Merkmale dessen Geschlechts übereinstimmend begehren. Das heißt, erotisiert wird das Geschlechtsklischee. Auch das Kreuzen geschlechtlicher Merkmale kommt vor. Der *mädchenhafte Junge* wird zwar nur selten erwähnt; gar nicht selten hingegen das *jungenhafte Mädchen.* Was hat es nun damit auf sich? Bricht die Behauptung, das begehrte Kind habe ein Geschlecht, und zwar sein eigenes, damit etwa zusammen? Ich denke nicht. Denn es sind die ‚schwierigen Fälle‘ in unserer Stichprobe, die sich geschlechtsmischend äußern: zeitlich die Phase *vor* der Gewißheit, pädophil zu sein, sowie Vertreter des asexuellen Lebensstils.

Einige Mädchenfreunde benutzen Formeln wie „knabenhaft schlank“, um die körperlich begehrte Art von Person gegen eine ausgewachsene Frau abzuheben.

> Ab dem Moment, wo eine zur Frau wird, ist es vorbei. Sie muß schon eine Kindfrau sein, eher

burschikos mit jungenhaftem Charakter, ohne harte Gesichtszüge. So richtig Frau sein mit Geschminke und allem Drum-und-dran, das stört mich.

Alte Deutungsmuster, wonach ein Kind geschlechtlich wenig festgelegt sei, klingen hier an. Und man kann auch die Angst vor einer vollentwickelten, gleichberechtigten Frau heraushören.

Die Liebhaber der Mädchen bzw. Knaben schätzen an diesen die jeweils typischen Eigenschaften. Der ausdefinierte Pädophile schwärmt für die geschlechtsrichtigen Merkmale seines Kindes. Dabei werden die Jungen eher durch ihr Verhalten, die Mädchen nach ihrem Zustand beschrieben. Der attraktive Knabe ist ein „Spring-ins-Feld“, „klebt nicht am Rockzipfel seiner Mutter“, „ist kein Tugendengel“, sondern ein „Bengel“.

Das attraktive Mädchen wird mit Begriffen wie hübsch, schön, süß, niedlich beschrieben. Das ist ein bemerkenswerter Unterschied gegenüber der Beschreibung des idealen Jungen. Gewiß werden auch auf diesen ästhetisierende Vokabeln angewandt, aber viel seltener und kaum je so, als ginge vom guten Aussehen die Anziehung aus. Manchmal verneinen die Knabenliebhaber sogar ausdrücklich, es auf die Hübschen abgesehen zu haben. An dem Mädchen hingegen wird stereotyp das Äußere gefeiert.

Rein optisch sind Mädchen viel anziehender, allein durch Kleidung, die Aufmachung. Ich habe mich auch schon in Gesichter verliebt. Auf der Kirmes habe ich dauernd ein Mädchen in einem Karussell gefilmt, das eine Jeans an hatte. Sie war noch klein, ich schätze so sechs, sieben. Die hatte ein wunderhübsches Gesicht, ein engelsgleiches Gesicht.

All diese Merkmale, die für Mädchen bzw. Knaben als typisch angeführt werden, halten sich offensichtlich innerhalb eines nur zu vertrauten Klischees. Nicht der weiche Knabe steht im Blickpunkt, sondern der erobernde, nicht das forsche Mädchen, sondern das ästhetisch gefällige. Ärgern sollte man sich darüber nicht; die Pädophilen marschieren nicht in der Avantgarde weiblicher und männlicher Emanzipation. Sie tun nur, was alle Sexualformen tun: Sie beziehen sich auf die etablierten Bedeutungen der Variable Geschlecht.

Die Unterschiede zwischen Mädchen- und Knabenliebe zeigen sich zunächst in den vorsexuellen Bezügen. Die vielen Pädophilen so wichtige Freude am Spielen, am Lebendigen und an Abenteuern heizt nicht so sehr und unmittelbar die Wollust, sondern zunächst einmal das Feuer der Erotik. Diese Sinnbezüge werden von den Knabenliebhabern deutlich hergestellt. Von den Mädchenfreunden hingegen werden sie selten und blasser erwähnt. Mit sehr vergröbernder Vereinfachung könnte die Differenz des vom Pädophilen begehrten Geschlechts auf folgende Formel gebracht werden: Die Knabenliebe ist mit der Jünglingsliebe verwandt und weiß etwas von dem späteren Mann (Modell ‚Päderastie‘); die Mädchenliebe sieht auf die Vorformen der jungen Frau (Modell ‚Lolita‘).

Eine solche Pointierung tastet das Eigenständige des pädophilen Begehrens insgesamt ebenso wenig an, wie die amorphen Komplexe homo- bzw. heterosexuellen Begehrens präzise abgeklärt wären. Sind diese doch ihrerseits gegen das Überschreiten von Generationsgrenzen nicht abgeschottet. So verfügen die einzelnen Sexualformen zwar über einigermaßen umrissene Bedeutungskerne in den Dimensionen Geschlecht und Generation; aber daneben verfließen die Grenzen, wuchern die Kontinuitäten und Mischungen.

Mit Erwachsenen ins Bett?

So salopp sei gefragt, was man von den Pädophilen ohnehin immer wissen will: Warum sie nicht mit erlaubten Sexualpartnern vorliebnehmen können? Früher erklärte man die fatale Neigung mit erhobenem Zeigefinger, verwies auf Übersättigung, Verkommenheit oder gar moralisches Irresein. Heute akzeptiert man eher, daß sexuelle Orientierungen etwas Zwangsläufiges und Unausweichliches an sich haben. Nun aber stellen sich neue Fragen: Wie authentisch ist die erotische Neigung zu Kindern? Haben die Pädophilen ihre sexuelle Reaktion im Zusammensein mit Nichtkindern getestet?

Nach den sexuellen Erlebnissen mit anderen Erwachsenen zu fragen gehörte nicht zum Kernthema unserer Erhebung. Wenn sich die Gesprächspartner dazu äußerten, dann beiläufig und spontan. Das läßt darauf schließen, daß keine Paradeantworten präsentiert wurden. Allerdings können wir diese Fragmente nicht miteinander vergleichen oder gar auszählen.

Das sexuelle Erleben mit kindlichen bzw. erwachsenen Partnern zu vergleichen kann ein erster Einstieg sein, um die Entstehung und Funktion einer pädophilen Orientierung zu ergründen. Das kann hier indessen nicht geleistet werden, aber aus unseren Daten lassen sich Fingerzeige für ein therapeutisches Vorgehen entnehmen; denn die befragten Pädophilen stellen ihre Neigung neben den Möglichkeiten einer Erwachsenensexualität dar. Mehrere Arten davon treten typischerweise auf.

Es gibt Männer, die einschlägige Wünsche bei sich wahrnehmen, aber sich selbst nicht als pädophil definieren. Sie halten das verbotene Verlangen (vielleicht noch) in Schach, streifen und überschreiten beim Streicheln eines Kindes die Grenzen des Erlaubten – ohne vor sich selbst die Normalität zu verlassen.

> Manchmal stell ich mir vor, so eine Beziehung zu haben, eine kleine Freundin. Aber ich sage mir immer, das paßt nicht in diese Welt, auch wenn's andere machen. Aber so pervers bin ich nun doch nicht. Und außerdem weiß ich nicht, ob ich den Mut hätte. Ich wüßte auch gar nicht, wie ich sowas anfangen soll. Das ist halt nur eine Art erotisches Abenteuer. – Ich würde mir eine Freundin wünschen, bin aber nicht der Typ, der den Frauen hinterherrennt, der auf Anmache aus ist.
>
> Sex mit einer erwachsenen Frau ist auch ganz toll. Ich habe noch vor drei Wochen mit meiner Geschiedenen. Und bei Kindern geht's mir nicht darum, daß ich sexuell befriedigt werde; da ist eben der Augenblick schön. Mit einer Frau läuft das auf Befriedigung hinaus. So genommen halte ich mich für durchaus normal. Ich kenne auch welche, die sind krankhaft auf Kinder ausgerichtet.

Mancher schützt seine pädophile Neigung durch eine legale Maske. Ein Interviewpartner mit einer Präferenz für Mädchen um elf:

> Ich bin auch imstande, eine gleichaltrige Frau zu lieben. Allerdings beschränke ich mich dann auf solche, die toll aussehen, hübsch sind und einen richtig kindlichen Körper haben. Aber solche sind sehr nachgefragt und meistens schon vergeben. Zur Zeit habe ich Heiratspläne mit einer Frau aus den Philippinen. Ich kann's

kaum glauben, wie ich darauf komme, eine Dreiundzwanzigjährige zu lieben. Je mehr Zeit verrinnt, desto mehr Zweifel kommen in mir auf.

Andere lassen sich zwar mit Erwachsenen ein, müssen aber an ein Kind denken, um potent zu werden, wie folgendes Beispiel eines Knabenliebhabers zeigt, der seit knapp einem Jahr mit einer Frau zusammenlebt.

Es funktioniert nur dann, wenn ich mir z. B. ihren Sohn vorstelle. Ich kann auch keine Initiative ergreifen, daß ich auf sie zugehe und sage, ich habe jetzt Lust auf dich. Während ich mit einem Jungen sofort wüßte, wie ich rangehen müßte. Wenn's dem Jungen kein Problem ist, dann ist's für mich kein Problem. Während ich bei einer Frau überlegen muß, was ich mache. Die wird dann auch merken, daß ich ihr was verschweig.

Auf dem Weg zur intimen Kommunikation mit einem erwachsenen Partner sind Hürden aufgebaut, an denen das Begehren dieser Männer hängenbleibt und Schaden nimmt. Gewiß ist auch der Weg zum Kinde mit Fährnissen und Beschwerlichkeiten gepflastert, aber eben mit anderen, als sie zwischen Erwachsenen bestehen.

Ich habe auch schon sexuelle Beziehungen zu Frauen gehabt, und das war auch teilweise schön. Ich habe durchaus sogenannte normale Beziehungen gehabt, aber Kinder, Mädchen haben Reize, die erwachsene Frauen nicht haben. Irgendwie komme ich mit erwachsenen Frauen nicht so zurecht, bin unsicher und habe auch nicht so die Erfolge gehabt. Ich bin meiner nicht sicher. Bei Mädchen ist es ganz anders; da bin ich so völlig sicher.

Manchmal verhelfen außersexuelle Gefühle zur Potenz:

> Ich habe Umwege gemacht über die schwule Szene. Dann habe ich mich gezwungen, mich in ein Mädchen zu verlieben, aber in dem Moment, wo's möglich geworden wäre, ist bei mir wieder alles in sich zusammengesunken. Bis ich dann gespannt habe, daß es wirklich Jungens sind. Ich kann mit Männern, und ich kann mit Frauen. Daß die mich für begehrenswert halten, finde ich toll; ich fühle mich geschmeichelt. Deswegen ‚kann' ich; aber nicht, weil ich das brauche, sondern weil die das brauchen. Mich hat es nicht fasziniert, und ich hätte genausogut darauf verzichten können.

Viele machen sich auf den Weg zu erlaubten Sexualpartner/innen/n, obwohl sie um ihr Pädophilsein wissen.

> Ich habe auch mit Erwachsenen geschlafen, weil ich verzweifelt mehrere Jahre versucht habe, davon wegzukommen, und immer gedacht habe, ich muß das mal ausprobieren, ich gewöhne mich schon daran, mit Erwachsenen. Seit ich dreizehn bin, wußte ich, daß ich auf Jungs stehe. Ich habe es dann mit zwei Frauen und drei Männern ausprobiert. Naja, es ist ganz nett; aber es könnte mich nicht länger als zwei Nächte fesseln, weil ich es völlig öde finde.

Einer versucht, den krassesten Unterschied zu leben: sowohl der gesellschaftlichen Forderung zu entsprechen und eine Familie zu gründen, als auch ein affektuell-sexuell ‚erfülltes' Leben zu führen. Auf der einen Seite steht sein Wunsch nach Knaben von fünf Jahren an; auf der anderen Seite der Wunsch, eine Frau und ein eigenes Kind zu haben.

Die angestrebte Quadratur des Kreises gelingt ihm nicht. Verheiratete Männer, die ihrer pädophilen Neigung innewerden, finden es meistens schwer, weiterhin doppelspurig zu fahren, zumal die Partnerin eine Veränderung spürt und sich ihrerseits zurückhält.

Nicht wenige Pädophile erklären, und das erfordert wohl einigen Mut, daß sie zu sexuellen Beziehungen mit Erwachsenen nicht fähig sind.

> Ich bin die letzten vier, fünf Jahre gegenüber Frauen vollkommen impotent. Ich kann also nur über Fellatio zur Befriedigung kommen. Im Grund habe ich kein Bedürfnis.
>
> Von der Sympathie her ist das kein Problem. Ich habe auch gequatscht, geflirtet, ist alles kein Problem. Oder knutschen. Aber bitteschön nie ins Bett gehen, das hat keinen Zweck. Frauenbeziehungen habe ich ruckzuck schnell wieder abgebrochen. Mit Dirnen läuft nichts, absolut gar nichts. Ich habe mich immer gewundert so in dem Sinne, das kann doch nicht angehen, du bist doch nicht schwul. Dann habe ich es ausprobiert; ich bin einmal mit einem Schwulen ins Bett gegangen, null Reaktion. War auch nichts.

Beinahe noch entschiedener betonen die Knabenliebhaber, keinen sexuellen Zugang zu Erwachsenen zu haben.

> Ich hatte einen Schulfreund, und wir waren sehr viel zusammen. Wir kannten uns fünfzehn Jahre, ohne uns einzugestehen, daß wir beide schwul sind. So mit dreißig haben wir dann mal ausprobiert, zusammen ins Bett zu gehen. Das war eine Katastrophe. Für ihn, obgleich er auf so Typen wie mich stand; aber für mich war er nicht mehr derjenige von früher; er war inzwischen alt, hatte schon

einen Bart. Es hat absolut nicht geklappt, und wir haben es dann aufgegeben. – Ich habe mehrere Freunde, die liebend gerne mit mir ein Verhältnis anfangen oder mit mir ins Bett gehen würden, was einfach nicht geht von meiner Seite aus. Die Prägung ist da auf Jugendlichkeit und Jungen.

Tatsächlich kann ein beträchtlicher Teil der Knabenliebhaber eher mit einer Frau als mit einem Mann sexuell etwas anfangen. Präziser müßte es heißen: Der Knabenliebhaber kann auf eine Frau weniger wenig sexuell reagieren als auf einen Mann. Der Generationsunterschied wiegt stärker als die Geschlechtsgleichheit. Beim homosexuellen Partner vernichtet dessen Erwachsensein die Lust.

Ich erlebe immer wieder, daß ich Männern gegenüber eine Art Ekel empfinde. Das ist ungeheuer drollig: Ein Homosexueller, der vor Männern Ekel empfindet. Aber es ist tatsächlich so. Wenn ich beispielsweise im Schwimmbad bin oder in der Sauna und da nackte Männer mit großen Schwänzen sehe, das kann mich eher abstoßen. Auch dieses homosexuelle Verhalten. Wenn man mit einem Homosexuellen ins Bett geht, dann laufen diese Rituale ab. Das muß jetzt klappen, der Schwanz muß schnell stehen. Das ist sehr zielgerichtet alles, steht unter einem ungeheuren Leistungsdruck. Das gefällt mir überhaupt nicht, und es passiert dann, daß ich überhaupt nicht mehr kann. Ich finde jedenfalls, daß die Jungens anders darin sind. Zärtlicher, unbefangener. Ich habe da nie die Angst, daß ich versagen könnte.

Bei den sechzig definierten Pädophilen unserer Stichprobe überlagert die Möglichkeit, mit einem Erwachsenen sexuell zu verkehren, in keinem einzigen Fall die Neigung zu Kindern. Sie haben erfolglos den Weg zu Frauen, zu Männern gesucht.

Ich achte die Frauen, ich habe sie auch gern. Aber ich kann keinen Akt vollziehen mit einer Frau, das ist einfach nicht drin. Ich war kurzzeitig verheiratet, aber das haute nicht hin bei mir. Das kannst du nicht abschütteln. Dieser Trieb, das ist ein Stück von uns selbst. Das ist genauso, als wenn du einem Hahn den Rumpf abschneiden würdest. Wenn ich das nicht mehr haben sollte, dann werde ich irgendwie absterben.

Wenn das Sexuelle einheitlich gegeben ist, worin unterscheidet sich dann die Sexualität mit Kindern von derjenigen zwischen Erwachsenen? Wir haben bei denen, die mit beidem Erfahrung hatten, danach gefragt und zahlreiche Antworten bekommen. Zum einen nennen sie eine Differenz der Gefühlsintensität. Zum anderen beschreiben sie die anderen Handlungsabläufe, wobei einige Merkmale der erotischen Ausstrahlung von Kindern wieder auftauchen, wie sie bereits geschildert wurden. Die Männer reflektieren ihre pädophilen Erlebnisse meist vor dem Hintergrund eines Normalmodells, also dem Verkehr mit einer Frau.

Einige Mädchenfreunde kritisieren, ihre Erlebnisse mit Frauen seien so zielgerichtet, ritualisiert und genital festgelegt, anstatt spontan wie bei einem Mädchen, selbst wenn mit diesem kein Geschlechtsverkehr möglich sei. Noch stärker grenzen die Knabenliebhaber gegeneinander ab: Hier die mechanischen und orgasmusbezogenen Aspekte des Koitus mit einer Frau, dort die spannenden und zärtlichen Momente im sexuellen Spiel mit einem Jungen. Nur wenige würdigen ihre Erlebnisse im Vergleich als verschieden aber gleichwertig.

Ich kann mit Frauen schlafen, ekel mich auch

> nicht. Ich habe auch bei einem Mädchen geleckt, ehrlich gesagt. Es bringt auch Befriedigung und ist schön. Bei einer Frau ist wirklich ein Vorteil beim Bumsen, daß man so schön reinkommt. Alles ist sehr zart, sehr weich, sehr elastisch. Das ist vom Technischen her eine gewisse Annehmlichkeit. Und das andere ist, daß ich diese Mädchen natürlich auch gerne hatte. Aber ich kann ohne das auskommen, während ich ohne Jungs nicht auskommen kann.
>
> Ich könnte mir schon vorstellen, mit einer Frau zu schlafen, auch öfter. Aber dieses richtige Glücksgefühl, diese wirkliche Befriedigung, dieses emotionale Hochgefühl, das hatte ich nicht. Es ist wirklich nur das sexuelle Lustgefühl dabei. Wenn ich mit einem Jungen zusammen bin, dann ist sowohl das sexuelle Lustgefühl als auch die absolute Liebe und Zuneigung zu diesem Jungen da. Und zu erwachsenen Männern habe ich keine Beziehung.

Die eingangs dieses Abschnitts gestellte Frage, ob die pädophile Triebrichtung fest und geprüft ist, wird man für viele Männer bejahen müssen. Dies zeigt der Vergleich zwischen erwachsenen- und kindersexuellen Erlebnissen. Wer unter unseren Gesprächspartnern über Geschlechtskontakte zu Erwachsenen berichtete oder sie für möglich erklärte, für den bleibt die eigentliche Leidenschaft die pädoerotische Seite. Die Erwachsenenseite aktivierte offenbar nur die allgemeine sexuelle Potenz, um der Norm willen. Bezeichnenderweise wurden ganz überwiegend Sexualakte mit Frauen und nicht mit Männern genannt. Pädophilie als Neigung und Heterosexualität als Pflicht tun sich hier zusammen.

Sexualtheoretische Positionen

„Es gibt Männer, die Jungen lieben“, beginnt Mark Pascal sein apologetisches Buch, „und es gibt Jungen, die Männer lieben.“[13] Hierin stecken zwei Behauptungen: Wechselseitigkeit und Gleichartigkeit der Gefühle, von denen nur die erste stimmen kann. Was die Jungen den Männern entgegenbringen, weicht völlig von dem ab, was Pädophile empfinden. Nun will die These von einer Kongruenz der Gefühle zwar nur die Unterstellung sexuellen Mißbrauchs dementieren; sie bleibt aber so unsinnig wie diese. Nicht einmal auf der Ebene des sexuellen Austausches entwickeln beide Seiten die gleichen Empfindungen. Der Partnerschaftlichkeit braucht das nicht unbedingt Abbruch zu tun; auch die normale Liebe zwischen Frau und Mann stützt sich auf inkongruente Gefühle.

Als ich Eberhard Schorsch im Mai 1987 die Idee unseres Forschungsvorhabens darlegte, erwiderte er, es wäre tatsächlich gut, mehr und Genaueres über diese Vorgänge zu wissen, damit ließe sich dann argumentieren. Mit diesem Segen war ich allerdings nicht aus dem ethischen Dilemma heraus: Wie kann man und darf man überhaupt eine Sexualform beschreiben, die von einem so krassen Machtgefälle bestimmt ist wie dem zwischen Erwachsenem und Kind? Die sexualpolitischen Antworten reichen von leidenschaftlicher Verteidigung bis zu mörderischer Zurückweisung. Bei derart zerrissenem Meinungsstand empfiehlt es sich tatsächlich, zunächst einmal die Beobachtungsposition einzunehmen, die verschiedenen Perspektiven darzustellen, Daten dazu vorzulegen und erst abschließend zu urteilen.

Fünf sexualwissenschaftliche Ansätze

In komisch-lakonisch gespielter Verzweiflung sagt man gern, Männer und Frauen passen eben nicht zusammen, wenn wieder einmal eine Verbindung schiefgegangen ist. Über den Scherz würde niemand lächeln, besäße er nicht einen wahren Kern. Eine hochansehnliche Bibliothek füllt das Schrifttum, welches nachzuweisen sich bemüht, es sei die Verschiedenheit der Geschlechter, welche Mann und Frau erotisch zusammenführt. Auch dies hat einen wahren Kern. An der Reibfläche zwischen Disparität und Komplementarität entzündet sich das ganz normale Chaos der Liebe.[14]

Über solche Unmöglichkeiten und Zwangsläufigkeiten spekulieren wir nun seit zweitausend Jahren. Konstant bleibt das Grundmodell: Es können einander nur zwei Menschen lieben, die geschlechtsverschieden und generationsgleich sind. Die beiden weiteren Dimensionen des ähnlichen sozialen bzw. ethnischen Milieus spielen nur eine untergeordnete Rolle. An dem Grundmodell scheitert das pädophile Ideal von vornherein, auch in so mancher Stellungnahme aus der Sexualwissenschaft.

Daß erwachsene Menschen ihre sexuellen Wünsche auch auf Kinder richten, und dies gar nicht selten, das ist heute bekannter denn je. Die Sexualwissenschaft hält vier Optionen bereit, um derartige Handlungen zu untersuchen:

- *Kontrolltheoretisch:* Die kriminologischen und psychiatrischen Ansätze machen den Löwenanteil aller Veröffentlichungen aus, weit über neunzig Prozent.

- *Biographisch:* Hier interessieren der Lebensweg eines Pädophilen und die seelische Funktion seiner sexuellen Orientierung (dazu unten mehr).
- *Interessentenfreundlich:* Kritisiert wird die Unterdrückung gewaltfreier Sexualkontakte mit Kindern, wie im von Angelo Leopardi 1988 herausgegebenem Buch „Der pädosexuelle Komplex".
- *Diskurstheoretisch:* Durchleuchtet wird die Art und Weise, wie mit der Pädophilie gesellschaftlich umgegangen wird, als „Erregte Aufklärung" (Katharina Rutschky) oder als soziales Problem „sexuell gefährdetes Kind" (Michael Schetsche).[15]

Fast völlig fehlt eine fünfte Option, die sich außerhalb der Rahmung durch ein Strafverfahren, eine Therapie, des Sichverteidigens oder der metasexuellen Analyse bewegt. Dieser neue Ansatz müßte, schwierig genug, das sexuelle Geschehen selbst durchleuchten. Das hat bislang nur Theo Sandfort für die Sicht der Kinder getan, und das unternimmt unser Vorhaben für die Sicht der Männer.

Die oberste Richtschnur aller dieser Denkansätze lautet: Die sexuelle Selbstbestimmung des Kindes ist zu achten und zu schützen. Das schafft ein gewisses Maß an Gleichklang mit dem Strafrecht und mit einer kräftigen Strömung des Zeitgeists. Im einzelnen zieht man aber recht verschiedene Konsequenzen aus dem Grundsatz der Autonomie. Hier entfernen sich die genannten Optionen schnell voneinander. Einig ist man dann nur noch darin, die interessentenfreundliche Richtung abzulehnen. Sich mit einem einfachen Konsens zu begnügen, nach dem Motto ...sie hat ja gesagt – das ist in der Tat allzu naiv. Ich würde das Ja eines Kindes ernst nehmen, aber erst, nachdem ich weiß, worauf genau es sich bezieht und wie es zustande gekommen ist.

Nach der herrschenden Linie kann es einen Konsens für pädosexuelle Handlungen nicht geben. Der amerikanische Soziologe David Finkelhor hat diese Linie bereits 1979 formuliert: Kinder wissen nicht, was Sexualität ist. Sie kennen weder die soziale Bedeutung noch die Regeln, nach denen sexuelle Beziehungen ablaufen. Kinder haben weder im juristischen noch im psychischen Sinne die Freiheit, ja oder nein zu sagen. Erwachsene kontrollieren die Lebensgrundlagen der Kinder, Essen, Wohnen, Geld und Freiheit und üben somit Macht aus. Für Finkelhor kommt es auf die klassischen Argumente gar nicht mehr an: ob Erwachsenen-Kind-Sexualität unnatürlich sei, ob sie das Kind vorzeitig sexualisiere oder ob sie das Kind schädige. Diese Argumente sind ja immer umstritten geblieben, d. h. es gab unausgeräumte Gegenargumente. Vor allem gab es gegenläufige Evidenzen, beispielsweise wurden Fälle bekannt, in denen Folgen jener sexuellen Begegnung positiv eingeschätzt werden müssen. Mit der Nichtzustimmungsfähigkeit war eine schlüssige und allumfassende Antwort gefunden, die auch eine präsumtive Liebe zu Kindern stets zu einem Fall des Mißbrauchs stempelte. Von der Strenge und Einfachheit des Prinzips haben die seitherigen Problemkampagnen profitiert, auch in Deutschland. Sexualwissenschaftlich kann das nicht befriedigen, weil hier deduktiv von normativen Grundlagen her gedacht wird, ohne das wirkliche Handlungsgeschehen auch nur wahrnehmen zu wollen.

Da läßt sich das psychoanalytisch-biographische Denken viel realistischer auf die Pädophilie ein. Die von Eberhard Schorsch begründete Hamburger Schule der psychoanalytisch orientierten

Sexualpsychiatrie beschreibt die pädophile Handlung als eine „Verschmelzung mit dem kindlichen Alter ego". Ein komplexes „Ineinanderspiel gleichzeitiger Identifikation – einerseits mit den in die Kinder projizierten eigenen Bedürfnissen und andererseits mit den quasi idealen, versorgenden Elternfiguren" schaffe eine unrealistische sexualisierte Traumbeziehung.[16] Angesichts der belasteten Untersuchungssituation – Strafverurteilte werden auf ihr Symptom hin therapiert – ist es erstaunlich, wieviel der Gruppe um Schorsch an Einfühlung gelungen ist und welch differenziertes Bild entsteht. Für mich bleibt nur eine Frage offen: Läßt sich die Grenze zwischen ‚normal' und ‚pervers' so selbstverständlich aufrechterhalten? Denn die seelischen Abläufe, wie sie hier für die Pädophilie aufgedeckt werden, all jene komplizierten Identifikationen und Projektionen, gehören prinzipiell zu jeder Sexualmotivation, einschließlich des Tagtraums. Was nun das pädophile Erleben genau ausmacht, wie unrealistisch die Beziehungsphantasie tatsächlich ist, das könnte durch psychoanalytische Interpretation noch weiter aufgehellt werden.

Schorsch ist nicht mehr dazu gekommen. In einem späten Aufsatz konnte er nur noch registrieren, wie sehr sich die gesellschaftliche Bewertung neuerdings verändert. Selber sah er sich in der Zange: zwischen apologetischen Pädogruppen, die ihn für sich in Anspruch nehmen zu können glaubten, und dem Kinderschutz-Kreuzzug, der ihn attackierte. Keine gute Zeit für psychoanalytische Zurückgezogenheit. So mußte auch Schorsch sich auf die Ebene von Werturteilen begeben. Und das schrieb er den Vereinfacher/inne/n ins Buch: Kinderliebe sei weder generell schlecht noch generell gut. Sie sei belastet durch die Disparität der Wünsche und der Sexualziele – das heiße jedoch nicht, daß sie unbedingt schädlich sei.[17] Das ist eine bedeutsame Botschaft: Bewertet werden kann nur der Einzelfall, nicht die Gesamtheit der Pädosexualität.

Doch gibt es auch Verallgemeinerungen von psychoanalytischer Seite. Sandor Ferenczi hat bereits 1932 die inzestuöse Beziehung als eine „Sprachverwirrung" bezeichnet. Der Wunsch nach Zärtlichkeit beim Kinde bedeute nicht, daß es zum sexuellen Objekt werden wolle. Der Erwachsene, der sich hier zu einem sexuellen Akt hinreißen läßt, verwechsle die kindliche Spielerei mit den leidenschaftlichen Wünschen einer reifen Person. Das ist vielfach aufgegriffen worden. Martin Dannecker hat weiterführend auf die Ungleichzeitigkeit in der sexuellen Entwicklung aufmerksam gemacht. Erst nach der Pubertät wird das vorher bloß disponierte und präformierte Sexualobjekt endgültig zentriert. Der pädosexuellen Beziehung fehle also eine Reziprozität der Objekte.[18] Die sexuelle Kommunikation verläuft, vor allem am Anfang eines Kontakts, nur eindimensional, vom Älteren aus.

Die deutsche Sexualforschung hat mit dem Gesichtspunkt der Ungleichzeitigkeit eine eigenständige Position markiert, an deren kritischer Potenz die Pädophilie nicht vorbeikommt. Daß die sexuelle Handlungsfähigkeit eines Kindes erst partiell ausgebildet ist, daß seine Sexualobjekte und -ziele erst vorbereitet, aber noch nicht gefestigt sind, das läßt sich einfach nicht bestreiten. Eine ideale Kommunikation zwischen Sexualpartnern kann nicht darauf verzichten, daß eine Art von Waffengleichheit besteht, die bei größtmöglicher Erlebnistiefe die Fairneß des Verlaufs sichert. Sich der eigenen Triebwünsche gewiß und in der Situationsgestaltung nicht hoffnungslos unterlegen zu sein gehört dazu.

Laientheoretische Parallelen bei den Pädophilen

Bei den Pädophilen rennen wir möglicherweise offene Türen ein. Unter unseren Befragten gibt es viele Vorstellungen, die den sexualwissenschaftlichen Resultaten ähneln oder gar gleichen. Unsere Gesprächspartner drückten das zwar ganz anders aus, denn kaum einer von ihnen hat jene Artikel gelesen oder davon gehört; so mancher könnte sicher keinen Satz davon verstehen, aber sie sind durch Erfahrungen und Grübeleien klüger geworden. Wahrscheinlich hat sich eine szeneneigene Interpretation erst in den letzten Jahren entwickelt.

Begriffe wie Sprachdifferenzierung, Ungleichzeitigkeit usw. finden heute eine Parallele in der Laiensprache. Zu beachten ist vielleicht noch, daß die Befragten sich nicht abstrakt über die Pädophilie äußerten, sondern über ihr eigenes Vorgehen. Den zu zitierenden Aussagen haftet also ein gewisser Hautgout strategischen Handelns an. Indessen dürfte das die authentische Eigenphilosophie der Pädophilen sein. Vielen erscheint das Kind unterhalb eines gewissen Alters zu jung für Sexualität mit einem Liebhaber.

> Ich interessiere mich für kleine Jungens, aber nicht auf sexueller Ebene. Ich spiele auch ganz gern mit Kleinen. Ich habe jetzt einen fünfjährigen Jungen kennengelernt. Das war Liebe auf den ersten Blick, kann man fast sagen, aber da kam ich nicht auf die Idee, daß etwas Sexuelles laufen könnte. In dem Alter könnte man ja durch Manipulation leicht was lenken, das lehne ich aber total ab.

Mit der Sprachverwirrung meint Ferenczi etwas Nonverbales: Was ein Kind als Zärtlichkeitswunsch artikuliert, beantworte der Erwachsene in Begriffen der Leidenschaft. Die Pädophilen wissen um die Unterschiedlichkeit der Gefühle und Erwartungen.

Ich habe im Moment einen neunjähren Freund. Da läuft nichts Sexuelles. Aber wenn wir zusammen sind, ist er unheimlich auf mich konzentriert. So einen intensiven Blick habe ich bisher kaum erlebt. Mit dem kann ich stundenlang zusammensitzen und über irgendwelche Belanglosigkeiten reden; weder ihm noch mir wird das langweilig. Er fragt mich, wie ich früher war, als ich so alt war wie er, was ich da gemacht habe usw. Dann fällt mir meistens nichts ein, dann erfinde ich was. Er fragt zehnmal hintereinander die gleiche Frage, und ich versuche irgendwas zusammenzubasteln. Mir wird's nicht langweilig dabei, weil so ein intensiver Signalaustausch da ist. Aber von seinem Wesen her ist er mir im Grunde für die Sexualität zu jung. Irgendwann streichelt man sich nicht nur die Hände oder den Bauch, sondern eben auch woanders. So ganz langsam, das mache ich ganz automatisch immer so, damit der Junge eine Möglichkeit hat auszuweichen. Für mich ist das unheimlich wichtig, daß er selber mit dabei ist.

Den Mädchenfreunden muß es aus vielen Gründen schwerer fallen, mit ihrem Kind ein gemeinsames Idiom zu finden. Während der eigenen Kindheit hatten sie wenig mit Mädchen zu tun, geschweige denn, daß sie in einer solchen Haut gesteckt hätten. Auch zwischen Geschlechtern herrscht ja so manche Sprachverwirrung von früh an. Ihre schwierige, vielleicht kaum lösbare Aufgabe gehen auch diese Pädophilen an:

Das Optimale für mich wäre, eine Liebe aufzubauen zu einem elfjährigen Mädchen. Die Hemmung ist da, weil ich nie weiß, wieweit man gehen kann bei einem Kind. Ich weiß nicht, wie weit die sexuelle Phantasie von einem Kind entwickelt ist, wie weit sie möchte. Dann lieber dreimal zurückhaltend sein als einmal zu weit zu gehen. Es soll ja beiden Spaß machen, und vor allen Dingen dem jungen Mädchen. Die soll das Interesse haben, die soll das mögen. Wenn das Mädchen auch soweit geht, wenn ich das merke, dann kann ich mehr aus mir herauskommen. Wenn ich da zu sehr rangeh, dann kriegt sie einen Schock, und dann ist die Freundschaft dahin. Mach, was sie macht; wenn sie Spaß dran hat, ist es in Ordnung.

Auf die Ungleichzeitigkeit stoßen die Pädophilen, wenn sie die Tatsache bemerken, daß das sexuelle Erleben beim Kinde völlig anders gestaltet ist als bei ihnen selbst. Nur ein schmaler Sockel an Gemeinsamkeiten bleibt, um die Begegnung zu intimisieren: beiderseits der Wunsch nach körperlicher Nähe und Berührung, bei einigen Kindern eine frühzeitige Lust auf genitales Erleben. In der pädophilen Paarung gewährleisten verschiedene Filter, daß das Maß an Ungleichzeitigkeit sich reduziert, verschwinden kann sie nie. Die wichtigsten Filter steuern bereits die allerersten Kontakte: beim Älteren der auswählende Blick, wer wohl seinem Wunsch geneigt sein könnte; beim jüngeren Teil die durchgehaltene oder eben verminderte Distanz zu dem Mann. Wie das Kennenlernen und das weitere Näherkommen in der Erfahrung unserer Befragten aussehen, das beschreibt in allen Einzelheiten die kommende rahmenanalytische Untersuchung von Rainer Hoffmann.

Ein Beispiel für erlebte Ungleichzeitigkeit:

Das war Liebe auf den ersten Blick. Dann schlief ich mit ihm in einem Bett. Er hat mir viel gegeben. Sexuell nichts, weil ich einfach kein Interesse daran habe, mit einem Sechsjährigen im Bett zu sein. Das kommt daher, weil ich auf Dreizehnjährige stehe. Bei einem Dreizehnjährigen erlebe ich, daß er Lust dazu hat.

Daß das Individuum erst in der Pubertät sein Sexualobjekt zentriert – durch das Bewußtwerden und Aneignen – (Martin Dannecker), spiegeln die Kommentare unserer Gesprächspartner wider.

Man muß damit umgehen, man kann auch damit umgehen, weil es ja so ist, daß ein Junge in dem Alter in dem Sinne noch gar nicht schwul ist. Der kann eventuell schwul werden. Aber im Prinzip ist es völlig gleichgültig. Wenn du einen Zehn- oder Zwölfjährigen liebevoll in den Arm nimmst, kommt's wirklich nur darauf an, wie du es machst. Das kann ein Mann sein, es kann eine Frau sein, das kann ein anderes Mädchen oder ein anderer Junge sein. Das ist gleichgültig, weil in dem Alter die Sexualität noch nicht festgelegt ist. So habe ich es bisher immer erfahren. – Festgelegt in dem Sinne, daß er nur noch mit einer Sorte kann: so mit 15, 16, 17, vorher ist er einfach nicht festgelegt; da macht ihm unter Umständen alles Spaß. Es kommt nämlich darauf an, wie du mit ihm umgehst.

„Unter Umständen alles Spaß" ist natürlich die pädophile Version, aber im klaren Bewußtsein formuliert, daß der Spaß nicht identisch ist mit der Erwachsenensexualität.

Sprachdifferenz und Ungleichzeitigkeit führen geradewegs dazu, daß viele, wahrscheinlich die allermeisten pädophilen Freundschaften schwärmerisch bleiben und das Genitale aussparen. Auf handfeste Sexualität wird verzichtet.

Mir ist es wichtig, daß ich meinen italienischen Freund damit nicht überfalle. Wir haben uns drei Jahre gekannt, und wir haben oft genug auch nebeneinander geschlafen. Die schönsten drei Jahre von ihm habe ich mehr oder weniger verpaßt. Ich habe ihn mit zwölf kennengelernt; und er war gut fünfzehn, ehe zum ersten Mal was Sexuelles zwischen uns gelaufen ist. Mir ist da lieber, ich warte, auch wenn's mir schwerfällt. Weil mir einfach die Beziehung viel zu wichtig ist, als daß ich ein sexuelles Abenteuer habe. Ich bin zum Beispiel mit einem Jungen aus Nürnberg in Urlaub gefahren und hatte mir schon vorgestellt, daß sexuell eine ganze Menge laufen würde. Es war ein FKK-Urlaub, aber es ist fast nichts gelaufen. Da war ich schon enttäuscht und traurig. Der ist absolut passiv gewesen, was Sexualität anging, war aber in dieser Passivität interessiert. Er wollte zum Beispiel, daß ich bei ihm irgendwas mache, hatte aber selber kein Verlangen, das bei mir zu erwidern. In dem Alter, wo er sich immer mehr für Mädchen interessiert hat, kam er zu mir und hat gefragt: „Können wir nicht ein Video reinlegen?" Mit Video war ein Pornovideo gemeint. Ich habe ihn dann gerubbelt, ihm einen geblasen, um's halt so brutal zu sagen. Ich würde sagen, er ist eigentlich absolut heterosexuell veranlagt. Und trotzdem hat er das gemocht und zugelassen. Auch wenn er heute kommt, können wir zusammen einen Porno anschauen. Dann passiert nichts mehr zwischen uns, sondern jeder fühlt sich alleine, aber auch das ist eine Vertrautheit zwischen uns.

Blieben die Thesen zur Sprachverwirrung und Ungleichzeitigkeit das letzte Wort der Sexualwissenschaft, dann wäre Pädophilie in ihrem sexuellen Belang für unmöglich erklärt. Pädophilie könnte sich nicht einmal auf die *Idee* einer stimmigen Sexualform berufen. Und was die Pädophilen diesseits eines Verzichts tatsächlich tun, das wäre ausnahmslos einer klinischen und/oder strafenden Kontrolle zu unterstellen. So lautet denn auch das nahezu einhellige Urteil von Bevölkerung, Politik und Wissenschaft: Pädophilie sei Mißbrauch und schädlich; Pädophile seien krank und strafwürdig. Wenn ich mich dem entgegenstelle und um Aufschub des Urteils bitte, dann vor allem deswegen, weil wir die Realität zu wenig kennen. Was wir über Kindesmißbrauch und Inzest an entsetzlichen Wahrheiten erfahren haben, muß nicht notwendig für die echte Pädophilie gelten. Diese andersartige Wirklichkeit, die nicht auf Zwang, Enttäuschung und Unwilligkeit aufgebaut ist, will ich als zweiseitige Kommunikation untersuchen und dabei nacheinander das Kind und den Erwachsenen betrachten.

Es hat oft einfach diesen Lausbubencharakter

Sexuelle Skripte der Kinder

Wenn es zu genitalen Unmittelbarkeiten kommt, dann unterscheiden sich Kinder von Erwachsenen. „Es wird gerubbelt, und dann lacht man darüber. Manchmal wird sogar noch was anderes dabei gemacht. Es hat nicht immer furchtbaren Tiefgang, aber es muß immer Spaß dabeisein. Wenn's zu ernst ist, dann würde sie es vielleicht nicht machen."

Über kindliche Sexualität

Das Wenige, was wir über die Sexualität in der kindlichen Lebensphase wissen, wird immerzu resümiert, doch nur selten durch eigene Forschung fortgeschrieben.[19] Irgendeine Vorstellung paratheoretischer Art hegt natürlich ein jeder zur kindlichen Sexualität. Solche Konzepte reichen von „da ist nichts, erst im Zuge der Geschlechtsreife entsteht es", in der edlen Version als „kindliche Unschuld" (J.-J. Rousseau) bis heute einflußreich, bis zu psychoanalytisch inspirierten Phasenmodellen.

Erhebungen zur Sexualbiographie anhand von rückblickenden Erzählungen und Beobachtungsstudien mittels der Berichte von Müttern zeigen jedoch: Genitale Lust tritt vom ersten Lebensjahr an auf und kennt keine Unterbrechung durch eine sogenannte Latenzphase. Nur dürfen diese sexuellen Reaktionen, Selbstmanipulationen und Interaktionen *nicht* mit denen von Erwachsenen schlicht gleichgesetzt werden. Sie sind zwar sexuell, gleich, wie dieser Begriff definiert wird, aber nicht von derselben Art. Jene Reaktionen korrespondieren einem jeweils erreichten Entwicklungsstand, wie wir das von der intellektuellen, moralischen, emotionalen usw. Entwicklung her gut kennen. Ein achtjähriges Kind beispielsweise kann rechnen, kann mit Regeln umgehen, kann Freundschaften begründen, auf seinem Niveau, das unter Gleichaltrigen variiert.

Auch die sexuellen Kompetenzen werden schritt- und schubweise erlernt auf der Grundlage der angeborenen Physiologie mit ihren zahlreichen Möglichkeiten *und* nach Maßgabe der nachgeburtlichen Erfahrungen. Von selbst ergibt sich hierbei nichts, so wenig wie auf den anderen Feldern menschlicher Entäußerung. Neugier und Sensationslust treiben das Kind dazu an, sich Informationen zu besorgen und Erfahrungen zu machen. Andererseits kann nicht beliebig entwickelt, variiert oder vorausgegriffen werden. Die Komponenten des Wissens, Fühlens und Wertens müssen aufeinander abgestimmt sein. Hierzu gehören Bilder zum Körper, zu den Geschlechtern, zu den verschiedenartigen Menschen, zum eigenen Ort in schwer überschaubaren Zusammenhängen. Heranreifen heißt, die eigenen Anlagen unter den Bedingungen des Standorts zu einer lebenstüchtigen Persönlichkeit auszubilden. Schade, daß dies in sexueller Hinsicht so planlos geschieht und von eher zufälligen Botschaften aus den Kreisen der Eltern, der Gleichaltrigen und der Medien gesteuert wird. Daß die sexuelle Sozialisation bislang nicht rationalisiert worden ist, sichert allerdings der Erwachsenen-Kind-Sexualität ihren Tabucharakter.

Inwiefern kann von einem sexuellen Erleben des Kindes vernünftig gesprochen werden? Verallgemeinerungen wie „Alle Kinder haben..." oder „Kein Kind kann..." sind offensichtlich falsch, auch wenn weithin noch an sie geglaubt wird. Weder erschafft erst die physiologische Geschlechtsreife die sexuelle Handlungsfähigkeit, noch wartet das vorpubertäre Kind nur auf eine Gelegenheit zu wollüstigem Tun. Die uns vertrauten Denkmuster, von Sigmund Freud bis Lawrence Kohlberg, sehen das Leben als eine Art Hürdenlauf; an kritischen Stellen muß eine Schwelle überwunden werden. So kommt es zu Altersgrenzen und Generationsgruppen im Begehren und Verbieten. Zweifel an dieser Sicht des Reifens und Fortschreitens sind angebracht.

Wie alles, was der Mensch in seiner Welt anstellen kann, entwickelt sich seine sexuelle Seite, und zwar ständig; das betrifft die körperliche Kapazität, das emotionale Empfinden, die intellektuelle Steuerung. Die Entwicklungen und ihre Ergebnisse unterscheiden sich zwischen den Individuen, Zeitaltern und Ländern. Die Verhältnisse des Aufwachsens bestimmen darüber, wohin jemand gelangt und wozu ein Mädchen oder ein Junge jeweils in der Lage sind.

Wie die sexuelle Kompetenz eines Menschen allmählich gedeiht, das läßt sich mit dem Konzept des sexuellen Skripts gut erfassen. Mit diesem Begriff kann man jene Handlungsmuster beschreiben, mit denen ein Individuum in je unterschiedlichen Lebensphasen und Milieus die Situationen bewältigt, die es erschafft oder in die es gerät. Das Skript – soviel wie ein Drehbuch oder Szenario – liefert nützliche Fingerzeige auf das, was richtigerweise zu tun, und wie das, was alles passiert, zu verstehen sei. Mit dem Begriff wird in der Sexualsoziologie seit zwanzig Jahren fruchtbar gearbeitet.

Nichts übersetzt sich für ein Kind automatisch in eine sexuelle Bedeutung, schreibt der britische Sexualsoziologe Kenneth Plummer. Denn für die Menschen hat Sexualität in erster Linie einen symbolischen, sozial geschaffenen Inhalt, und das ungeachtet ihrer Grundlagen in Körper- und äußeren Verhaltensvollzügen. Die Erfahrung eines Organismus bei einem Kleinstkind, später im Vorschulalter, in der Adoleszenz, beim Erwachsenen u. s. f. meint jedesmal etwas anderes, trotz äußerlich vergleichbarer Körperreaktionen. Ein unverzeihlicher Fehler wäre es, die typische Erwachsenensicht auf frühe Lebensalter umstandslos anzuwenden.[20]

Auch ich muß mich an dieser Stelle sehr in acht nehmen, stammen doch unsere Daten ebenfalls aus dem Munde von Erwachsenen. Selbstverständlich färbt ihre altersgemäße Sicht die Wahrnehmung des kindlichen Verhaltens, ganz abgesehen von ihren Interessen als Pädophile. Wie immer in Liebesdingen spielt ein Stück Projektion mit. Doch berichteten unsere Befragten von handfesten Tatsachen und nicht bloßen Vermutungen über Gefühle der Kinder. Jene Tatsachen – Reaktionen der Kinder in Wort und Tat – lassen sich nicht glaubwürdig aus einem Wunschdenken hervorzaubern, offensichtlich sind sie erlebt worden. Diese Pädophilen kennzeichnet, daß sie sich zu einem gewissen Maß in das Kind einfühlen, daß sie sich bemühen, die Welt von dessen Warte aus zu betrachten. Zudem ist die Beteiligung des anderen, wie in fast allen Sexualformen, ein Punkt beständiger Aufmerksamkeit. Insofern wird das Kind von den Pädophilen nicht nur als Objekt, sondern stets auch als Sexualsubjekt gesehen. So bequem in der gegenwärtig gereizten Stimmung sich mein Argument ins Lächerliche ziehen ließe, so entschieden meine ich, daß die Pädophilen über die Gruppe von Kindern, zu denen sie Kontakt aufnehmen, etwas aussagen können. Dabei nehme ich das, was sie mitteilen, nicht wörtlich; ich zitiere es nur wörtlich. Entziffern müssen wir es.

Kenneth Plummer fragt: Wie und wann erwirbt das Kind die Sprache, mit der es seine Leiberfahrungen als sexuell interpretieren und mit der Außenwelt in Verbindung bringen kann? Mit der es sich selbst als ein sexuelles Wesen mit einem Geschlecht und bestimmtem Begehren verstehen kann? Das Kind durchmißt einen langen Weg voller protosexueller Situationen, bevor es über die Kompetenz ausreichend verfügen kann.

Die sexuellen Skripte der Kindheit werden stückchenweise aus verschiedenen Quellen angeeignet: von Pflegepersonen, von Spielkameraden, aus Medien sowie durch die Verarbeitung der sich allmählich aufschichtenden eigenen Biographie. Plummer benennt für die westlichen Länder der Gegenwart einige gemeinsame Merkmale: die Abwesenheit der Eltern in diesen Vorgängen, die Wertgeladenheit im schlechten Sinn, die Geheimhaltung sexueller Dinge sowie den sozialen Nutzen der Sexualität, zum Beispiel Erwachsene in Verwirrung zu bringen, sich Zuwendung zu sichern, andere auszubeuten usw. Dadurch und wie der Aufwachsende sich hierzu Regeln aneignet, steckt er die Grenzen seiner sexuellen Welt ab.

In therapeutischen Sitzungen erfragte die amerikanische Sexualpädagogin Joan Nelson routinemäßig die Sexualbiographien, darunter die Erlebnisse als Kind. Sie erfuhr, oft erst nach längerem Bohren, daß Kontakte mit Erwachsenen vorgekommen sind, auch ausbeutender Art. Doch häufig hat das machtlose Kind das Geschehen nicht als Ausbeutung erkannt, ja – mangels einer frühen Sexualerziehung – nicht einmal als Sex.[21] Neben einer Ungleichzeitigkeit der sexuellen Identitäten besteht also auch eine der Interpretationen. Der kindliche Teil einer pädophilen Beziehung erlebt und bewertet die sexuellen Seiten *anders* als der ältere: als sinnliche Freude, als narzißtische Bestätigung, aber nicht als Vergewisserung seiner Identität und Liebesbindung.

Wirken das Lebensalter und die Geschlechtszugehörigkeit darauf ein, wie sich die Handlungsskripte entwickeln? Das tun sie ganz gewiß, ohne daß jemand das bereits erforscht hätte. Da Generation und Geschlecht, neben Klasse und Rasse, als grundlegende Dimensionen der persönlichen Identität fungieren, wird in diesem Rahmen eine Person sich auch als sexuelles Wesen bestimmen. Weil aber die lange Zeit der Kindheit, immerhin ein ganzes Dutzend Jahre, in sexueller Hinsicht bei uns nicht durchreguliert ist, bestehen hier keine Vorgaben, an die der Aufwachsende sich halten könnte. Die Konsequenz ist eine große Variabilität, mit der Kinder ihre sexuelle Handlungsfähigkeit entwickeln – je nach den Einflüssen ihres Erlebens und ihres Standorts.

> Man kann nicht sagen: Das ist die Altersklasse von null bis neun Jahre, die machen das und das; das ist die Altersklasse von neun bis elf, die machen das. Das hängt stark damit zusammen, wieweit das Kind selber schon irgendwelche Erfahrungen gemacht hat, mit dem eigenen Körper oder mit Freunden. Das hängt zusammen mit der Neugierde des Kindes, mit der Einstellung zur eigenen Sexualität und Sexualität allgemein. Man kann es nicht konkretisieren, indem

man sagt, der ist so und so alt, mit dem kann ich das und das machen. Da kann man ganz gewaltig auf den Bauch fallen. Und dann triffst du einen anderen, der wesentlich jünger ist, und du denkst, laß man lieber die Finger davon, und der verführt dich dann.

Zumindest nach dem Geschlecht unterscheiden sich die sexuellen Skripte, und zwar nicht erst im Erwachsenenalter. Daß Knaben typischerweise früher als Mädchen ermuntert werden, ihre Mütter zu verlassen, daß ihnen andere Spiele angeboten werden, das begleitet auch ihren Weg zur Sexualität. Wie der australische Soziologe Terry Leahy treffend feststellt, kann der Mädchenfreund auf eine freiwillige Teilnahme des Kindes weitaus seltener rechnen als der Knabenliebhaber. Frauen und Männer lernen früh die Dominanz und Aggressivität der *einen* Seite kennen; das Mädchen wird den Mann meist fürchten und kaum sexuelle Kontakte mit ihm wünschen. Die geschlechtsspezifische Erziehung tut ein übriges dazu. Die Jungen können sich da anders einstellen.[22]

Anders in unserer Erhebung: Hier berichteten sowohl Knaben- als auch Mädchenfreunde über ein Entgegenkommen von Kindern. Vor allem die Knabenliebhaber teilten Wahrnehmungen und Gedanken mit, aus denen sich auf die kindlichen Skripte rückschließen läßt, so daß sich das Folgende nicht immer auf beide Kindgeschlechter gleichermaßen bezieht. Meine Wiedergabe kann die überfällige Untersuchung kindlicher Sexualskripte nicht ersetzen. Selbstverständlich nicht, denn wir bekamen ja nur hinsichtlich solcher Jungen und Mädchen etwas zu hören, die den befragten Männern das Intimwerden ermöglichten.

Neugier. Überaus oft wurde uns berichtet, daß die Kinder wissen wollen, wie der Körper eines Mannes auch in den dem Schamgebot unterliegenden Teilen beschaffen ist. Die Wißbegierde bezieht sich auf das Aussehen und die sexuelle Funktion.

Die Neugier dieser Zwölfjährigen führte zu ersten Intimitäten. Das begann mit Masturbation; sie wollte wissen, wie das abläuft, und sie wollte das selber ausführen. Dann wollte sie auch richtigen Intimverkehr haben. Das lief fast ab wie ein Biologieunterricht. Nichts mit Leidenschaft. Sie wollte wissen, was man dabei empfindet, das sollte ich ihr alles erklären.

Einmal gehe ich zum Wasserlassen auf die Toilette. Der Taps düst gleich hinterher und guckte sich das alles seelenruhig an, was, finde ich, vollkommen normal ist. Man trocknet sein Geschlechtsteil auch ab, und das wollte sie alles in Ruhe begucken. Dann im Kinderzimmer waren wir beide am Klönen, und auf jeden Fall kam sie an und wollte unbedingt noch mal gucken. Zog sich aus und zeigte sich. Dann müßte ich erklären, daß sie ein Mädchen ist und ich halt ein Junge. Sie: „Deiner ist viel größer als Papas“. Ich habe bei ihr erlebt, daß sie für Sexualität sehr empfänglich ist.

Entdecken. Aus Neugier werden die ersten Schritte unternommen. Zu Besuch bei einer Familie passiert unseren Interviewpartnern folgendes:

Ein sechsjähriges Mädel kam morgens rein und legte sich zu mir ins Bett. Die Eltern schauten rein und sahen, daß sie dort liegt. Und wie das morgens so ist, man hat eine riesig schöne Lat-

> te. Ich steh auf, sie steht auch auf und sagt: „Mensch, hast du ein riesen Dingen." Da hat sie hingefaßt und hat gerieben; ich dachte, ich werde verrückt. Die wußte schon, wo es langgeht mit Sex.
>
> Die ganze erste Nacht war kein Schlaf zu finden. Er hat mit der Taschenlampe ständig unter die Bettdecke geleuchtet hat mich erforscht. Hat alles, jede Öffnung ausgeleuchtet, nur im Sinn des Entdeckens. Er wollte wissen, wie ist denn das da, und aha, Haut zurück oder vor. Dann kam das nächste. Dann wollte er sehr schnell, daß ich ihn auch berühre. In der ersten Nacht wollte er entdecken. In der zweiten Nacht war sein Interesse schon geringer. Übrigens, Kondome wollte er auch; die hat er ausprobiert an mir, aber dann war auch schon genug, wo er's einmal gesehen hatte.

Ausprobieren. Insbesondere über Knaben wird berichtet, wie einige von ihnen einen Versuch mit den einzelnen sexuellen Praktiken anstellen wollen. Sie begehen sozusagen das Feld ihrer genitalen Möglichkeiten. Dafür genügt in der Regel ein einziges Mal; dann ist die Sache abgehakt. Bericht über einen zwölfjährigen Türken:

> Er wollte wissen, wie das ist mit der Frau, wenn die einen lutschen. Ich sollte es mal bei ihm machen. Wir haben uns insgesamt sieben Wochen gekannt. Der wollte jedesmal wieder was Neues kennenlernen. Der hat kaum Interesse an meiner Person gehabt. Ich habe mit dem so ziemlich alles ausprobiert, bis auf den Geschlechtsverkehr. Wir haben's versucht, das hat aber nicht so geklappt. Dann wollte er noch wissen, wie ein Kuß geht. Da habe ich ihm halt einen Kuß gegeben, auch mit der

Zunge, ich habe ihn ungefähr dreißig Sekunden geküßt, und er hat das genossen. Am nächsten Tag wollte er nicht mehr, er wollte eine Frau. Da war's zu Ende.

Schmusen. Man ist zärtlich miteinander, streichelt und kuschelt, nur *sexuell* in einem engeren Sinne ist das nicht.

Alle Arten von Streicheln. Ihm war's lieber, wenn der Kontakt manueller Art war und nicht Körper am Körper.

Er meint immer, wenn man schmust, das wäre Sex. Ganz merkwürdig. Ich habe ihm schon x-mal erklärt, daß das kein Sex ist, aber er verwechselt das immer. Er läßt sich gern am Hals küssen, das kitzelt so schön.

Wenn der Junge noch ziemlich jung ist, so acht, neun, zehn, dann gefällt ihm das wahrscheinlich mehr als der richtige Sex.

Es war vielleicht gar nicht das Wichtige, daß er davon geil wurde, sondern daß er jemanden in den Arm genommen und lieb gehabt hat. Dabei empfand er als nebensächlich, daß dann halt Sex dabei war.

Sich am Körper eines anderen stimulieren. Über Mädchen wird gelegentlich berichtet, was möglicherweise nur dem pädophilen Blick auffällt: Sie drücken und reiben ihre Vaginalregion lustvoll an irgendeinem Körperteil eines anderen, wie dieses Beispiel demonstriert:

Ich habe in einem weichen tiefen Sessel gesessen, kniehoch. Die Kleine kommt, im Pyjama, und lehnt sich an mein Knie. In ihrer Vulvagegend hat sie sich gegen das Knie gelehnt und dann langsam angefangen, hin und her zu schaukeln, spricht mit mir, erzählt mir Geschichten und wandert dann ganz langsam, aber offensichtlich über das Knie, setzt sich auf meine Schenkel. Der rechte war's. Und bewegt sich dabei. Heute weiß ich ganz genau, daß sie sich zu einem Orgasmus gerieben hat. Denn mein Hosenbein war sehr feucht, als die Mutter sie dann weggescheucht hat.

Ab und zu, wenn sie auf meinem Schoß ist, nimmt sie meinen Arm und packt ihn zwischen die Beine; setzt sich so richtig auf den Arm und schaukelt rum. Wenn ich die Hand bewege, hält sie die dann fest. Sie ist da in gewisser Weise empfänglich. Man muß aber sehr vorsichtig sein; dreieinhalb ist ein Alter, wo das nicht schockieren darf.

Mit den Genitalien spielen. Schon Kinder interessieren sich für einen ausgewachsenen Penis, ohne daß sich hiermit eine unmittelbar sexuelle, gar orgasmische Bedeutung verbände.

Und dann ist sie einfach mal gekommen, hat mich angeguckt und angefaßt. Alles ganz harmlos, ich habe nichts dazu getan. Die kam von selber. Ich habe sie einfach machen lassen. – Erst mal das erigierte Glied angucken, und anfassen. Das waren für sie so Spiele. Sie hat mit einem Filzschreiber alles vollgemalt. Also das ist für sie immer Spielerei gewesen, mit Einseifen nachher, all so was.

Sagt er zu mir: „Da gibt's 'ne Stelle, wo ich dich zwicken könnte." Ich: „Dann mach ich einfach die Augen zu." Dann hat er kurz mit zwei oder drei Fingern zugezwickt und gegrinst. Das war für ihn das Ding. Er war überwältigt, daß so was überhaupt möglich ist.

In der Gegenwart anderer onanieren. Das tun manche Jungen, jeder für sich, aber gemeinsam. Der Pädophile kann zu einem solchen anderen werden, obwohl das Skript für Kinder untereinander geschrieben ist.

Wenn mich mein langjährigster Freund besucht und wir begucken uns zusammen einen Porno, dann weiß er, daß mich der Heteroporno überhaupt nicht interessiert, sondern daß er mich interessiert, immer noch. Wenn er einen Orgasmus gehabt hat, bleibt er einfach so liegen, und dann kann ich mir einen runterholen und habe dann den schönen Anblick noch neben mir. Oder der italienische Freund bleibt auch so liegen, und ich kann ihn dann weiterhin einfach streicheln und mir beim Streicheln zum Beispiel einen runterholen. Das findet er in Ordnung, und wenn ich fertig bin, dann sagen wir uns gute Nacht.

Mit dem Feuer spielen. Die Phantasie einiger Jungen scheint bereits vor ihrer Pubertät so angeheizt zu sein, daß sie impulsiv bis an die Grenze des Aktivwerdens vorstoßen. Ihre Lebenswelt versieht sie mit so vielfältigen sexuellen Signalen, daß sie die Latenz kaum noch wahren können.

Ich glaube, daß manchmal die Jungen in einem Maße übersext sind, daß sie selber mit dem Feuer spielen. Sie sprechen permanent sexuelle Themen an, suchen überall sexuelle Assoziationen. Sie erzählen, was in der Schule über Sex gesprochen worden ist, daß sie da ein Bild gesehen oder irgend etwas, was sie angesprochen hat. Stellen konkrete Fragen nach Praktiken oder was ich selber schon für Erfahrungen hätte, ganz direkt. Es kam auch schon vor, daß Jungen mir in die Hose gefaßt haben.

Einen der Großen herausfordern. Nicht immer wird von Kindesseite aus der Generationenabstand eingehalten. Mit allerlei Provokationen und Offerten, gewiß oft nicht ernstgemeint, wird die Kluft zu überspringen versucht. Der Pädophile mag das als *Verführung* registrieren, so unangemessen das Wort hier auch anmutet.

Die wußte schon als Zwölfjährige, um was es geht bzw. worauf es ankommt. Die hat immer Männer angemacht. Die hat schon gewußt, wie sie ankommt. Und daß sie bei mir auch angekommen ist, hat sie ja gemerkt mit der Zeit. Ich habe mir auch nicht soviel gedacht, die paar Jahre machen auch nicht mehr viel aus. Daß es 'ne verbotene Sache war, das war klar.

Wenn sie morgens um sechs wach geworden sind, dann sind die beiden Neun- und Dreizehnjährigen zu mir ins Bett gekommen und haben angefangen zu kuscheln und zu schmusen. Haben auch keine Rücksicht darauf genommen, ob ich davon einen Steifen kriege. Das haben die eher ein bißchen provoziert. Fanden sie irgendwie superlustig, daß sie so meine Gefühle ankratzen konnten. Haben natürlich auch meinen Penis richtig voll angefaßt.

Mit einem starken Freund zusammensein. Das päderastische Szenario des Beschützens und Belehrens besitzt gelegentlich eine Entsprechung in der Kinderwelt. Der Kleine überantwortet sich dann einem Großen. In seiner wohl autobiographischen Erzählung „Der verlorene Soldat" schildert Rudi van Dantzig eindrucksvoll das Erleben eines Elfjährigen, der, von seinen Eltern durch die Kriegswirren getrennt, einen etwa zwanzigjährigen Soldaten kennenlernt. Im Nachwort spricht der Autor von den „Umarmungen und Berührungen, die ich nicht wollte und doch wie ein Wahnsinniger begehrte". Möglicherweise raten schwierige Lebensumstände dem Kinde zur Schutzsuche.

Der hat wirklich auf Mädchen gestanden,

während der ganzen Zeit auch Kontakte zu Mädchen und immer eine Freundin gehabt. Für den war ich einfach der große väterliche Freund, der ihn vor dem Heim gerettet hatte. Das klingt jetzt blöde, aber es war letzten Endes so. Deswegen hat er sich gedacht: „Wenn es dem soviel Spaß macht und ich finde es schön, dann laß ich den halt." Ich hab es immer so empfunden, daß er es mir zurückschenkt. Für den bin ich der starke Freund. Das reicht mir völlig, ich habe kein Interesse daran, daß er mich sexuell attraktiv findet.

Den Freund nur für mich haben. Verschiedentlich halten unsere Befragten ihre kleinen Freunde für eifersüchtig und sehen sich einem Besitzanspruch ausgesetzt. Dieses Szenario entspricht gewissermaßen auf der Kindesseite dem Typus engbefreundet.

Wenn dann der Jan da ist und wir miteinander reden wollen, dann muß Dieter grundsätzlich dazwischenquatschen. Wenn ich mal einen anderen Jungen kennengelernt habe beim Schwimmen, dann war er immer sehr eifersüchtig, war immer extrem nah bei mir. Er will mich am liebsten für sich ganz alleine haben. Das geht natürlich nicht immer. Ich kenne noch viele andere, aber sexuell ist nur mit dem Dieter.

Von einem anderen stimuliert werden wollen. Einige Kinder kennen bereits die intensiven Empfindungen, die beim Menschen hervorgerufen werden, wenn ein anderer ihre Genitalien berührt. Wir wissen nicht, von wem und unter welchen Umständen sie das kennengelernt haben. Den Pädophilen indessen bringt seine freundliche Offenheit mit einem so motivierten Kind leicht zusammen. Ein frisch Geschiedener feiert z. B. bei einer

Bekannten, die eine hübsche elfjährige Tochter hat. Er schläft auf der Couch im Wohnzimmer:

> Da ist dieses kleine Mädchen nachts zu mir ins Bett gestiegen. Zuerst hat sie sich selbst befriedigt und gesagt: „Guck, das bringt mir Spaß." Dann hat sie meine Hand genommen, und dann sollte ich das machen. So hat die Kleine Spielchen gemacht.
>
> Wir saßen auf dem Sofa bei diesem Freund und unterhielten uns zu dritt. Dann ging der Freund in die Küche, um was zu trinken zu holen. Ich hatte ihm im Gespräch ganz unbeabsichtigt, weil ich an sich immer einen sehr langen Anlauf brauche bei Jungs, die Hand aufs Knie gelegt, und er sagte sofort: „Soll ich die Hose aufmachen?" Ich: „Laß mal, der kommt gleich wieder." – „Ach, der wird wohl eine Weile bleiben." Der war also unwahrscheinlich geil, auf gut deutsch gesagt.

Der Befragte schildert diesen Fall als eine Ausnahme von seinen Erfahrungen. So wird es auch sein: selten, aber vorkommend. Häufig allerdings wird beklagt, daß das Kind zwar für sich selbst sexuell interessiert sei, aber eben nur am eigenen Spaß.

Im Stillhalten genießen. Verwandt ist ein Szenario, in dem das Kind die genitale Stimulation konsumiert, ohne selber vorstellig geworden zu sein.

> Es gibt Jungen, die sind von sich aus initiativ und nehmen das Heft des Handelns in die Hand. Es gibt andere, die sind sehr passiv, signalisieren aber, daß sie eigentlich darauf warten, daß ich weitermache, daß ich noch manches ausprobiere. Ich könnte jetzt nicht sagen, was häufiger und was seltener ist. Das ändert sich auch; es könnte sein, daß vielleicht die erste Erfahrung ganz von mir bestimmt ist, und beim

zweiten Mal dann der Junge von sich aus das forciert.

Still genießen zu müssen wurde verständlicherweise auch ein bißchen beklagt, aber darum geht es an dieser Stelle nicht.

Er wollte mehr selber genießen. Das war nicht bei allen Jungs so.

Kinder denken erstmal nur an ihre eigenen Bedürfnisse.

Ich habe die Erfahrung gemacht, daß es nicht von selber kommt. Vielleicht weil sie das dann eher in die Kategorie schwul für sich selber einordnen, als wenn sie es nur passiv geschehen lassen.

Den Macho herauskehren. Manche Kinder bewegen sich in drastisch zugespitzten Erwachsenenklischees. Wir wissen nicht, ob bloß spielerisch oder ob im Sinne des Früh-übt-sich. Mädchen können schon ganz Frau sein wollen. Dazu hörten wir die tränenselige Geschichte einer Zwölfjährigen, an einer unheilbar tödlichen Krankheit leidend, die sich für ihre beiden letzten Lebensjahre Zärtlichkeit und Geschlechtsverkehr von unserem Befragten, Ende Zwanzig, wünschte und auch erhielt. Einige Geschichten handeln von kleinen Jung-Stieren.

Er ist elf und total macho. Hat Freundinnen, an jedem Finger zwei, und spielt auch da den großen Macker. Er selber ist nur auf Ficken aus. Er wollte mich auch ficken; bloß war er nicht lang genug, als daß sein Penis reingereicht hätte. – Es ist ja typisch für die Kinder und Jugend von heute; für die besteht Sexualität nur aus Ficken. Weiber Ficken. Nichts anderes ist Sexualität. Er wollte gelutscht werden, weil er mir dann in den Mund ficken konnte, aber von irgendwelchen Zärtlichkeiten, keine Spur.

Sexuelle Handlungen ablehnen. Wie ein Kaninchen vor der Schlange sich passiv verhalten, das heißt stillhalten vor Schreck, von solchen Reaktionen berichten zahlreiche Vergewaltigungs- und Inzestopfer. Etwas völlig anderes gilt offenbar für pädophile Situationen. Unsere Gesprächspartner beobachten und schildern die Reaktionen ihrer Adressaten sehr genau. Ablehnende Reaktionen werden früh registriert.

> Das war ein Junge, der in der Richtung keinerlei Interesse hatte. Der wollte gerne woanders schlafen, also nicht neben mir. Und der wollte sich über seinen Schlüpfer am liebsten noch drei, vier weitere anziehen und ins Bett steigen. Er badete mit Türzu und Abschließen. Wenn ich einen Arm um ihn legte war anhand seiner Reaktion deutlich, daß er das eher befremdlich empfand als angenehm. Er hat leicht die Schulter gedreht. Ein Junge, der es gern hat, der dreht nicht die Schulter, sondern entspannt sich dabei, lehnt sich zurück und kuschelt mit dem Kopf an. Der Junge, der es nicht gern hat, rückt eher weg und geht auf Distanz.

Schluß machen. Wie aus einem intimen Verhältnis herauszukommen sei, auch das gehört zur sexuellen Handlungsfähigkeit. Das kindliche Skript für den Abschluß ist denkbar leicht zu handhaben: einfach wegbleiben. Überaus häufig wurde uns dies als Ende der Beziehung berichtet. Manchmal endet auch nur der sexuelle Teil, indem das Kind sich dem Liebhaber entzieht. Knaben beherrschen das Skript wahrscheinlich besonders gut: „Ich will nicht mit dir da rummachen. Da hab ich keinen Bock mehr drauf."

Sexuelle Verträge zwischen den Generationen?

„Ich möchte erst das Herz des Jungen gewonnen haben, mit ihm lachen und weinen, mein Verhältnis abgeklärt haben mit ihm, weil es erst an zweiter Stelle steht" – das Sexuelle nämlich, das hier so verschämt angesprochen wird. Welches Herz hat ein Kind? Wie und an wen kann es ein Herz vergeben? Was verliert, was gewinnt es hierbei?

Die Berechtigung des pädophilen Anspruchs, eine eigenwertige Sexualform ausbilden zu können, entscheidet sich nach dieser Frage: Können die Sexualskripte eines Mannes und eines Kindes trotz ihrer Inkongruenz so zusammenwirken, daß sich eine stimmige Situation ergibt? Stimmig kann eine Situation immer dann heißen, wenn die Teilnehmer sie nachher nicht ungeschehen machen möchten. Obschon es durchaus kindliche Sexualskripte gibt, wie unfertig auch immer – die wir auf den vorangegangenen Seiten kennengelernt haben: Es kann vernünftigerweise nur Sache des Erwachsenen sein, die unvereinbaren Handlungsmuster zu verknüpfen. Er trägt die Verantwortung. Unsere Frage lautet also: Sind die Pläne eines pädophilen Mannes derart beschaffen, daß die Bedürfnisse und Möglichkeiten eines Kindes darin mit hohem Stellenwert berücksichtigt sind?

Die Alltagsannahme „wenn zwei sich nahekommen, dann erfaßt auch beide die Wollust", muß vom Pädoeroten noch schneller revidiert werden, als es beim hier schon sehr widerstrebenden Durchschnittsmann der Fall ist. Die Befragten haben das ausnahmslos getan. Die Ungleichartigkeit des sexuellen Handelns ist ihnen deutlich bewußt; dieses Wissen gehört zum Kernbestand der pädoerotischen Sexualform.

Jeder Pädophile sucht nach einer Art von natürlichem Konsens mit dem Kinde, dem er nähertritt. Ob die so erzielte äußere Übereinstimmung auch normativ beachtlich ist, steht auf einem anderen Blatt. Anstatt in Bausch und Bogen zu verwerfen, was die Kinderliebhhaber über die Willensbekundungen der Kleinen erzählen, schlage ich vor, daß wir uns ihre Berichte ansehen. Das Urteil „geht sowieso nicht" kann dann immer noch gefällt werden.

Unsere Gesprächspartner schilderten recht verschiedenartige Wege und Ziele ihres konsensbildenden Vorgehens. Ich lasse die wenigen Fälle weg, in denen ein Befragter sich von einem sehr aktiven Kinde verführt zu sehen glaubte; meist geschah dies bei seinem „ersten Mal". Zum einen müßte man hierzu dic andere Seite hören, zum anderen glaube ich, daß das ‚verführende' Kind eher ein entgegenkommendes Kind war oder eines der im vorigen Abschnitt beschriebenen Skripte befolgte. Man darf nicht so weit gehen wie manche Apologeten und dem Kind ein beständiges Interesse an sexuellem Erleben zuschreiben, schon gar gegenüber einem jener Erwachsenen, vor denen sexuelle Regungen zu verbergen ein Kind in der Regel früh gelernt hat. Dieter Richter, auf das Thema Kind spezialisierter Literaturwissenschaftler, sagt über Verführerfiguren von Goethes *Mignon* bis zu Nabokovs *Lolita:* Hier gehen traditionelle Züge vom Dämonen- und vom Hexenkind ebenso ein wie das Motiv des verführerischen kleinen Mädchens.[23]

Gleichfalls skeptisch nahm ich Beteuerungen einiger Befragten auf, man habe nur nach Wunsch der Kinder etwas Sexuelles getrieben. Es könnte scheinen hier werde das Begehren verlagert, um vom eigenen nicht reden zu müssen. Genau dies charakterisiert die grenzenlose Verleugnung, von der Martin Dannecker gesprochen hat. Sitzt doch der Wunsch immer im sexuell aktiven Individuum, auch im pädophilen. Mir kam es übrigens durchaus nicht so vor, als wollten die Pädophilen die Rollen umkehren, also Initiative und Verantwortung auf die Kinder projizieren, sich selbst – einmal zu Ende gedacht – gar als ‚Opfer' stilisieren. Wie sie sich auch in apologetischen Publikationen darstellen mögen – im Erzählstrom eines intensiven Interviews reden sie immer ihrem Schnabel nach.

> Das wurde immer intensiver; zum sexuellen Kontakt ist es erst in diesem Jahr gekommen. Ich habe halt darauf gewartet, daß die Initiative von ihm ausging.
>
> Für mich ist nicht wichtig, was ich möchte, sondern was die Jungen wollen. Und wenn Jungen die sexuellen Dinge wollen, dann macht mir das Freude, egal wa's sie wollen.
>
> Wenn die Kinder jünger sind, dann laß ich sie meistens bestimmen, was läuft. Anders geht das gar nicht. Ich muß mich auf die einstellen, die können sich meistens nicht so richtig ausdrücken, was sie wollen.

„Initiative", „wollen", „bestimmen", die Reihe solcher Formulierungen könnte sehr weit verlängert werden, das bedeutet nicht, daß der Pädophile sich passiv verhält. Er wartet bloß ab, bildet Vertrauen, sucht nach dem Spalt in der Tür. Letztlich will und initiiert er das Sexuellwerden der Beziehung, dies aber innerhalb der Grenzen dessen, was das Kind jeweils zuläßt und wozu es bereit ist. Mit einem anderen Wort: Der Pädophile behandelt das Kind als *Subjekt*, nicht Objekt einer sexuellen Handlung. So jedenfalls lautet sein Ideal, und so lesen sich die allermeisten der uns berichteten Einzelgeschichten.

Wie sieht nun der Konsens aus, der zwischen dem großen und dem kleinen Individuum hergestellt wird? Um einen Sexualvertrag zu analysieren, finde ich kaum brauchbare Vorbilder: Dirne/Freier in der Prostitution, Meister/Sklave in der S/M-Szene. Auch die Ehe ist von jeher ein Kontrakt und die Sexualität darin dann eine eheliche Pflicht. Mit den Denkfiguren des bürgerlich-rechtlichen Vertrages kommt man hier nicht weiter. Liebhaber und Kind gehen ein kompliziertes, asymmetrisches Verhältnis ein, worin sexuelle, ideelle und materielle Güter ausgetauscht werden. Beginnen wir mit einigen Formeln, mit denen die Pädophilen die Richtschnur ihres Handelns bestimmen.

> Ich habe die Wünsche von den Jungs respektiert. Ich habe nie irgendwas erzwungen; ich habe sie alle selber kommen lassen. Natürlich muß man den Wunsch der Kinder respektieren. Man darf sie nicht erpressen und nicht zwingen.
>
> Ich verlange von einem Jungen nie mehr, als er selbst bereit ist zu geben.
>
> Grundsätzlich gehe ich nur so weit, wie der Junge will.

Die Mädchenfreunde formulieren ganz ähnlich.

Ich werde und würde nie irgendwas machen, womit das Mädchen nicht einverstanden ist. Ich würde auch nie etwas machen, ohne daß ich weiß, das Mädchen weiß, was hier passiert. Alles, was ich mit dem Kind mache, muß das Kind nicht nur dulden, sondern auch wollen.

Ab dem Zeitpunkt, wo ein Mädchen sagt, jetzt möchte sie nicht mehr, versuche ich auch nicht, sie zu überreden und zu zwingen, weil ich das akzeptiere. Wenn ich ein Mädchen gern habe, dann ist das für mich okay, wenn sie nein sagt. Und was beiden Spaß macht, finde ich okay, egal wie alt das Mädchen ist.

Die hier sichtbar werdende Devise des Handelns klingt zunächst einfach. Doch bildet sie nur die Überschrift für einen komplizierten Vorgang, der viele Varianten zuläßt und zahlreiche Einzelentscheidungen erfordert. Wenn die Sexualautonomie eines Kindes ernst genommen wird, müssen dessen Willensbekundungen äußerst sorgfältig erforscht werden. Bedarf es eines klaren Ja, oder kann der Erwachsene sich damit begnügen, ein Nein abzuwarten? Zu unterstellen, Schweigen gälte als Zustimmung, wäre hier durchaus unangemessen.

Ich ziehe mich sehr schnell zurück, wenn ich merke, ein anderer reagiert auf irgendeine Berührung nicht. Dann reagiere ich auch nicht mehr. Und dann mache ich nicht weiter. Wenn eine Antwort kommt, dann gehe ich natürlich mit. Aber wenn der andere nicht mitgeht, dann nicht.

Die gewünschte Einwilligung kann in verschiedenen Formen versagt werden. Das beginnt schon vor der Kontaktaufnahme:

Ich guckte ihn ganz interessiert an, richtig schön aufmerksam und mußte mir auch schon

> anhören: „Guck weg, du schwule Sau!“ Damit muß man rechnen.
>
> Manchmal bringe ich sie dazu, sich mit mir umzukleiden. Ich frage die nicht mehr direkt. Aber wenn ich dann meine Hand ihrem Geschlechtsteil nähere, dann lassen sie sich das meistens nicht mehr gefallen.
>
> Ich habe an ihrem Oberschenkel gefummelt, da hat sie gesagt: „Das kitzelt.“ Negativ war das gemeint. Sie hat nur gesagt, das kitzelt. Da braucht man nicht viel Logik, um zu wissen, was sie meint. Sie hat's ja auch laut gesagt.

Dem Wunsch eines anderen ein klares Nein entgegenzusetzen, dazu bedarf es einer gewissen Kraft, erst recht in der respektvollen Lage, in der sich ein Kind dem Erwachsenen gegenüber befindet. Der Pädophile muß über ein feines Sensorium verfügen, um Signale der Ablehnung einer Vierjährigen zu bemerken.

> Bei mir läuft das meistens so ab, daß ich sie mal kitzel und während des Spielens über den Hintern streichele, auch mal zwischen die Beine komme. In dem Moment warte ich dann halt ab: Ergreift sie die Initiative oder ergreift sie die nicht. Wenn nicht, dann hat das keinen Zweck, dann hat sie keine Lust. Dann nimmt sie die Hand weg. Dann kannst du sie kitzeln, darfst sie aber sonst nicht berühren.
>
> Ich verführe auch ein bißchen, aber immer nur ganz vorsichtig und tastend und fragend. Das ist schon eine sehr grobe Form, wenn die Hände abwehren. Ich beobachte die gesamte Befindlichkeit. Man spürt es, wenn ein Junge das nicht will. Dann höre ich sofort auf. Es entsteht ihm auch kein Nachteil, weil ich mir sehr bewußt mache dabei, was ich da tue. Es

ist wahnsinnig, wie man reflektiert; viel mehr als normalerweise ein Mensch reflektieren müßte.

Wird die Einwilligung verweigert oder drückt das Kind durch sein Verhalten eine Ablehnung aus, dann findet keine sexuelle Handlung statt. Der kleine Vorbehalt ‚in der Regel' ist bei derartig allgemeinen Aussagen immer hinzuzudenken; nach meinem Eindruck sind die Ausnahmen von der Regel hier nicht häufiger als in anderen Sexualszenen, beispielsweise unter Erwachsenen oder zwischen Eheleuten.

Ich würde lieber meinerseits verzichten, anstatt sie zu irgendwas zu drängen. Mir war die freundschaftliche Beziehung zur neunjährigen Freundin meiner Tochter das Wichtigste. Das durfte auf keinen Fall gefährdet werden. Das mußte über allem stehen

Ich lehne es für mich ab, es aufzuzwingen, so nach dem Motto: Du bist jetzt zwölf, und ich hab dich unheimlich gern, also muß der Rest auch noch sein. Wenn er mir klar zu verstehen gibt, er will es nicht, dann passiert auch nichts. Dann versuche ich auch nicht, ihn beim Raufen zwischen die Beine zu packen oder so, weil mir das einfach zu plump, zu blöde ist. Dann steuere ich das auch nicht. Ich bin damit gut gefahren. Ich kann eben jeden Kontakt, den ich mit einem Jungen hatte, auch vor mir selbst rechtfertigen. Daß es für mich und auch für den Jungen okay war.

Vielfach wird einer Sexualität, die auf Druck zustande kommt, eine Absage erteilt. Besonders scharf bei den Mädchenfreunden, sei es im Gefolge der Vergewaltigungsdebatten; sei es, weil junge Frauen diesen Schutz besonders benötigen, während einem jungen Mann gegenüber der

Pressionsverzicht allzu selbstverständlich war und ist.

Ich bin nicht derjenige, der drängt. Das habe ich vielleicht früher mal, noch ganz am Anfang getan, aber das bringt eigentlich nichts. Für beide Seiten ist das unangenehm.

Alle haben mit mir was gemacht; das war aber mehr Entdeckerfreude, dies Untersuchen meines Körpers. Wenn dieses Wissen ausreichend gestillt war, dann war das Bedürfnis, mit mir etwas zu machen, nicht mehr da. Das hat mich nicht gestört; denn ich habe ja keine Frau im Bett gehabt, sondern ein Kind. Da kann ich nicht meine Bedürfnisse einbringen. Das wäre in meinen Augen Unterdrückung, das mag ich nicht.

Ich war eine Zeitlang im Kinderschutzbund. Ich bin schon für Kinderschutz, bin gegen Gewalt gegen Kinder und Mißbrauch, das ist keine Frage. Und ich wollte mich halt engagieren damals.

Ich würde nie daran denken, einem Kind Gewalt anzutun oder es zu etwas zu zwingen. Das ist so gut wie Mord für mich.

Der pädophile Konsens kann, sprachlich gesehen, in dreierlei Weise zustande kommen: explizit, nonverbal oder intuitiv. Sexuelle Bereitschaften durch unmittelbares und unverblümtes Ansprechen auszuloten ist unter Erwachsenen unüblich und verpönt. Die Floskel: zu dir oder zu mir? gilt schon als verbale Spitzenleistung. Sexuell kompetente Erwachsene verfügen über zahlreiche Skripte der Annäherung. Gegenüber einem Kinde muß das alles versagen. Wohl daher wird hier oft und ausdrücklich angefragt, aber die nonverbale Art, Einigkeit herzustellen, kommt am häufigsten vor. Das Szenario ist aus dem sexuellen Alltag geläufig: berühren – beobachten – intimer berühren usw. Man könnte es die Methode von Versuch-und-Irrtum nennen. Ein Akademiker, Anfang vierzig, mit offensichtlich vielen Erfahrungen bei Knaben von sieben Jahren an, beschreibt das gelassene Vorantasten:

> Wenn ich die Frage stelle, wo willst du denn schlafen, guck mal da und da, hier bei mir wäre auch Platz, dann war die Reaktion immer, dann schlafe ich hier. Da ich grundsätzlich ohne Sachen schlafe, scheiden sich da die Geister. Entweder findet es der Junge auch interessant, dann zieht er sich ebenfalls aus, oder er ist befremdet, dann läßt er die Hose an. Dann passiert vielleicht beim ersten Wochenende gar nichts. Beim zweiten Mal läßt er auch die Hose weg und kuschelt sich an. Bei Jungens ist es ja so, daß die Karten auf dem Tisch liegen: Wenn der Spaß an der Situation hat, dann stellen sich auch prompt Reaktionen ein. Ohne Worte. Das spüre ich auch am ganzen Körper mit der Hand, ob ein Junge das gerne hat, daß die Hand da ist, wo sie ist, oder nicht.

So mechanisch, immer schön im Ja-Nein-Code, muß es nicht ablaufen. Nonverbal kommunizieren wir vornehmlich über die Augen, indem wir uns über das Befinden unseres Partner vergewissern.

> Ich erinnere mich noch an so was wie einen Funken oder Draht, der vom Blickkontakt ganz stark ausgeht. Es ging jedenfalls dann so automatisch; ich habe angefangen, sein Gesicht zu streicheln, und noch gefragt, ob das kitzeln würde. Er: „Nee, mach ruhig weiter." Er hatte die ganze Zeit so ein süffisantes Lächeln auf den Lippen. „Du kannst auch bißchen tiefer streicheln." Da hat er schon einen Steifen gehabt. Von daher war alles völlig

klar. Dieses zehn oder zwanzig Zentimeter tiefer Rutschen, das hat keine Grenzen mehr überschritten.

Explizite und nonverbale Ausdrucksweisen sichern die natürliche Willensübereinstimmung ab; das läßt sich nach den ausführlichen Schilderungen unserer Gesprächspartner kaum bezweifeln. Einige Virtuosen wollen sich auf ihre Intuition verlassen, bei ihnen fragt sich, ob ihre Methode irrtumsfrei arbeitet.

Das hat man im Gefühl. Man muß im Einzelfall spüren, was der Junge will, wo er überlastet ist, was er gefühlsmäßig nicht will. Und möglicherweise sind es vielleicht gerade Pädophile, die dieses Gespür überhaupt haben. Ähnlich wie wenn man normal veranlagt ist und Verhältnisse zu Frauen und auch dieses ganz natürliche Gespür hat: Mit der Frau kann ich das machen, mit der kann ich das nicht machen.

Der Vergleich führt in die Irre. Außerdem protestiert heute auch die weibliche Seite dagegen, daß ein Mann die Einwilligung vorschnell unterstellt.

Die Gefährlichkeit eines intuitiv vermuteten Konsenses, unter dem Gesichtspunkt der Autonomie des Kindes, besteht nicht darin, fälschlich eine Ablehnung anzunehmen. Ein Falsch-Nein läßt sich schadlos korrigieren. Ein Falsch-Ja hingegen verletzt die Selbstbestimmung. Glücklicherweise wurde uns kein solcher Fall berichtet, wie überhaupt keiner der Befragten allein auf einen intuitiven Konsens vertraut. Intiutives Erkennen besitzt gleichwohl einen hohen Stellenwert in allen Situationen, in denen Pädophile und Kinder aufeinandertreffen. Dieser Gedanke sei hier eingeschoben. Der pädophile Blick unterscheidet, wenn er geübt ist, zwischen zugänglichen und unzugänglichen

Kindern. Bevor eine Annäherung überhaupt erotisch zu werden beginnt, wird eine Vorauswahl getroffen, sei es durch Beobachtung des Spielverhaltens, sei es durch einen kurzen Wortwechsel. Ohne das nun quantifizieren zu können, glaube ich, daß hiernach der ganz überwiegende Teil der Kinder für den Pädophilen uninteressant wird.

> Du kannst nicht jeden nehmen. Das ist wie ein Magnet. Das merkst du schon, wenn dich einer anspricht, oder du sprichst ihn an, und der geht auf deine Rede ein. Da kannst du schon sagen, mit dem kannst du eventuell was machen. Wenn einer nichts im Sinn hat, der läßt dich sowieso links liegen. Ich habe mir die genommen, die wirklich triebhaft waren und das gerne wollten.

Eine Reihe von Mädchenfreunden stützte die intuitive Vorauswahl auf ein gewisses Entgegenkommen des Kindes. Da ein erwachsener Mann nicht so ohne weiteres mit Mädchen in eine Spielsituation gelangen kann – anders als bei Knaben –, sind die Anknüpfungspunkte rar. Andererseits entwickelt sich bei der jungen Frau bereits die heterosexuelle Anziehung. So erklären sich wiederholte Äußerungen wie etwa diese:

> Einige Mädchen haben von sich aus angefangen. Ein Großteil von denen, vielleicht die Hälfte oder so, haben von sich aus begonnen, erotisch auf mich zuzugehen. Sie sagen, jetzt möchte ich dich mal nackt sehen oder ich möchte dich mal anfassen.
>
> Schon bei zehn-, elfjährigen Mädchen habe ich diese Anziehungskraft stark gespürt, und zwar die wechselseitige. Die haben ausgesprochen meine Nähe gesucht. Schon in der Klasse, aber erst recht nach dem Unterricht; die blieben da und räumten den Saal auf, wollten mit mir

spielen und reden, wollten sich bei mir auf den Schoß setzen.

Zeitlich gesehen lassen sich mindestens drei Arten des konsensualen Vorgehens unterscheiden. Der Pädophile erlangt die Einwilligung seines Lieblings sofort oder bald oder sehr allmählich. Die Interviews zeigen sehr deutlich, wie unterschiedlich der Zeitverbrauch für den Konsens ist. Ein Sofortkonsens scheint auf den ersten Blick ganz unglaubwürdig. Wie sollten sich Generationsverschiedene so schnell einigen können? Nun gehört es zur männlichen Sexualphantasmagorie, stehenden Fußes sich zu erregen. Auf Kinderseite mag das Sponane, Spielerische und Kurzlebige etwas beisteuern.

Bloß einmal habe ich so ein Erlebnis gehabt. Da habe ich einen in der Badeanstalt getroffen, der hat mir die Badekappe geklaut hat. Ich lief hinter ihm her und habe ihn gepackt. Er hat sich hochwerfen lassen, und ich habe ihn auch berührt an seinem Geschlechtsteil. Wir hatten sofort sexuellen Kontakt, zack, in der Umkleidekabine. Ich habe ihn dann noch einmal getroffen. Mit dem hätte ich noch gern Kontakt, nur ist er später fortgezogen.

Schnellkontakte – wohlgemerkt: außerhalb des Strichs – sind eher selten und bleiben wahrscheinlich oberflächlich. Ihr Hauptinhalt besteht vermutlich im sogenannten Fummeln, also in weniger intensiven Sexualhandlungen. Hiervon durchaus unterschieden ist ein Vorgehen, welches den Konsens zwar bald, aber eben nicht sofort herstellen will.

Ich hatte ihn ganz zu Anfang mal gefragt, und er sagte mir, er hätte Angst davor. Dann habe ich ihm erzählt, wie das bei mir gewesen ist früher. Zwei-, dreimal später war er dann dazu bereit. Das war praktisch eine Verführung, von meiner Seite aus gesehen.

Ein Befragter schwört ohnehin auf die Devise bald oder nie.

Es hat in meinem Leben ein paar solcher Versuche gegeben, daß ich mich in Jungen verguckt habe; aber da ist dann nie etwas daraus geworden. Heutzutage habe ich ein klareres Gefühl. Ich habe die Erfahrung gemacht, daß das erste Gefühl, ein sehr spontantes Gefühl, mich nie betrogen hat.

Die auf enge oder lockere Partnerschaft orientierten Pädophilen lassen sich die nötige Zeit, die Zuneigung eines Kindes zu gewinnen. Nicht das Kind ist ihnen zu jung für eine sexuelle Begegnung, sondern die Beziehung zu ihm. In was willigt das Kind ein? Das wäre die sachliche Dimension des pädophilen Konsenses. Wenn wir das einmal kühl zergliedern, steht hierzu eine dreifache Entscheidung an: ob überhaupt ein sexuelles Handeln stattfindet oder nicht, welche Handlung am Körper des Kindes erlaubt wird sowie zu welchen Akten am Körper des Erwachsenen das Kind bereit ist. Bislang habe ich über das Ob gesprochen und vor allem untersucht, wie ein kindliches Nein berücksichtigt wird. Nach meinem Eindruck reagieren die Antennen eines pädophilen Mannes mit hoher Empfindlichkeit. Sobald er sich eines Ja zur Annäherung gewiß sein kann, geht es um das Was und Wieviel.

Die Grenzen, jenseits derer eine Berührung als sexuelle Handlung gilt, sind heute eng gezogen, enger denn je. Das Strafrecht definiert, die öffentliche Meinung übernimmt und Kinderschutzkampagnen arbeiten an der Vorverlegung. Pädophiles Empfinden reagiert darauf kongenial: auch Streicheln, Betrachten, Fotografieren usw., sonst eher zum Umfeld unmittelbarer Sexualität gerechnet, stellen viele schon zufrieden. Die verbotene Annäherung geschafft zu haben, sozusagen ein allgemeines Jawort erlangt zu haben, scheint weiterhin zu genügen. Unsere Gesprächspartner artikulierten wenig Energie, um mit ihren Lieblingen massivere Praktiken ausüben zu können.

Heikel für das pädophile Begehren ist der eigene Körper. Viele Befragte berichten, daß die Jungen ihre eigene Sexualität genießen, aber wenig interessiert sind, dem Älteren ein genußvolles Berührtwerden zu bereiten. Abgesehen von einigen Naturbegabungen verfügen die Kinder noch nicht über ein geeignetes Sexualskript; dieses wird erst nach der Pubertät – hoffentlich – erlernt. Einige Männer vermitteln es ihnen vorher.

> Es war oft so, daß man sich Wochen und Monate Zeit nehmen muß, bis sich alles so richtig eingespielt hat, bis man selbst auch auf seine Kosten kommt und bis der Junge lernt, dem anderen auch mal einen Gefallen zu tun. Anfangs war er ja so zaghaft, da hat er nicht gewußt, wie er mit dem Ding umgehen soll.

Daß es hiermit nicht klappt, wird wohl deswegen so häufig berichtet, weil es den Pädophilen frustriert. Eine gelungene Wechselseitigkeit im Stimulieren wird vielleicht seltener hervorgehoben, weil sie doch der Normaldeutigkeit sexueller Zweisamkeit entspricht. Einer Reihe von Befragten steht klar vor Augen, daß den Kindern weder der Körper noch die Geilheit noch der Orgasmus des Älteren viel bedeuten. Manchmal wird das Ejakulat als eklig empfunden. Aus der Not macht der Mensch eine Tugend. Die eigene Erfüllung ist dann nicht so wichtig oder ergibt sich so nebenbei mit:

> Wenn ich eine Vagina schlecke, ist es nicht notwendig für mich, daß mein Penis geschleckt wird. Das bringt mich schon zum Erguß, sowieso. Ich brauch mich um meine Angelegenheit gar nicht zu kümmern. Ich möchte nur Freude bereiten.

Unter Konsensgesichtspunkten muß der Verzicht aufs Selber-Berührtwerden zur Norm werden, und die Pädophilen finden sich nolens volens damit ab, daß ihre Liebesbeziehung nicht in der Weise wechselseitig sein kann wie idealiter bei Erwachsenen. Die Illusion einer Verschmelzung läßt sich allenfalls für Sekunden aufrechterhalten, niemals aber auf Dauer. Einer stillen Harmonie steht die Unruhe der Kinder entgegen. Hat ein Pädophiler erst einmal verstanden, daß er von seinem Liebling nicht etwas Gleichartiges erwarten kann, dann findet er auf neuer Ebene einige Möglichkeiten, die andersartigen Emotionen des jüngeren Teils zu erkennen und für eine beiderseits verbindliche Partnerschaft einzusetzen. Es entsteht ein Verhältnis eigener Art, aufgebaut auf dem Austausch ungleichartiger Gefühle. Niemandem kann es leichtfallen, sein Liebesverhältnis zu beschreiben, ohne in Klischees zu verfallen. Was unsere Gesprächspartner mit den wenigen Andeutungen skizzieren, ist kein Ersatz für eine angeblich unmögliche Liebe, es ist nicht einmal Sexualität, sondern es ist die Pädoerotik.

Male ich vielleicht ein zu schönes Bild? Ist der pädophile Mann durch und durch rücksichtsvoll, selbstlos und genügsam? Gewiß möchten die Mitglieder einer Randgruppe dem sie befragenden Forschungsteam in einem günstigen Licht erscheinen. Darauf waren wir vorbereitet und haben auf die Zwischentöne, Brüche und Verlegenheiten geachtet. Freundlich, aber unbarmherzig kamen wir auf solche Stellen zurück. Ohnehin kennt das Erzählen seine eigenen Gesetze; da läßt sich so leicht nichts weglassen, übertünchen oder fälschen, ohne daß dies ein geübter Zuhörer und Fragensteller bemerkt.

In den sogenannten narrativen Interviews begeben sich die Befragten in einen Erzählfluß, in dessen Verlauf das Wesentliche zum Thema ausgesprochen wird. Der Vorsatz, einen guten Eindruck zu hinterlassen, verliert sich im Verlauf einer stundenlangen Unterhaltung. Zwanglos fließen dann auch die schwierigeren Begebenheiten, die eigenen Zweifel in das Gespräch ein. So wurden uns beispielsweise auch Stricherlebnisse und Ostasienreisen offenherzig berichtet, bezeichnenderweise eher am Ende des Interviews. Ein intensives Interview ist nicht der Ort, Loblieder auf die Pädophilie abzusingen oder einstudierte Festreden zu halten. Wir haben von vornherein nach Ereignissen und Erfahrungen gefragt – und nicht nach Einschätzungen und Rechtfertigungen.

Den Pädophilen – notabene: den echten, also denjenigen, die wir befragten – glaube ich den Aufwand, mit dem sie sich um die Einwilligung des Kindes bemühen, und die Ernsthaftigkeit, mit der sie ein Nein beachten. An dieser Stelle kann ich mir einen Seitenhieb nicht verkneifen: Einem Großteil der heterosexuellen Männer würde eine so sorgfältig entwickelte Konsensstrategie im Umgang mit Frauen gut anstehen. Die Glaubwürdigkeit unserer Gesprächspartner wird zusätzlich dadurch bestätigt, daß sie Peinlichkeiten nicht verschwiegen haben. Es gibt eine Reihe zweischneidiger Situationen beim pädosexuellen Kontakt, so daß in das bisher helle Bild einige Grautöne einzuzeichnen sind.

Verführt wird heftig, mit allen Mitteln der Ars erotica, mit allem, was Menschen gefunden haben, um ihre Triebwünsche zu befriedigen. Doch wozu wird verführt? Zum Zusammensein mit diesem Mann – nicht aber dazu, ein anderer Mensch zu werden, etwa die sexuelle Orientierung zu wandeln. Nun hat das Wort verführen einen häßlichen Beiklang: schäbige Mittel einsetzen, Unerfahrenheit ausnützen usw. Hiervon distanzieren sich manche Pädophile ausdrücklich. Ein Kind zu einer sexuellen Handlung zu überreden stößt ebenfalls auf Bedenken. Etwa dann, wenn ein Widerstand durch Eloquenz weggeredet wird. Der Sexualkontakt ist kein Türgeschäft, wo man etwas kauft, was man eigentlich gar nicht haben wollte, und sich dann ärgert. Sanfte Überredung ist sicher harmlos und mit dem hohen Maß an Verbalisierung im pädophilen Aushandeln notwendig verbunden. Einiges Zureden erfordet es offensichtlich, wenn der Pädophile berührt werden möchte.

> Es ist am Anfang irgendwo schon Überredung. Wenn man deutlich macht, daß einem sehr viel dran liegt und daß einem an der Beziehung weniger läge, wenn das nicht passiert. In dieser Übergangsphase, in der man einen Jungen erst mal dazu bringen muß, da weiß ich halt nicht, wie weit das dann doch Zwang ist, zumindest psychischer Zwang.

Im folgenden hören wir einen jungen Mann, der einerseits schwärmt: „Die Minuten, die ich mit kleinen Mädchen zusammen bin, im Alter von acht bis zwölf oder so, sind die glücklichsten Momente meines Lebens", andererseits kann er massiv vorgehen. Mit achtzehn lernt er eine knapp

Zwölfjährige kennen; nach einigen Tagen gelangt er zum Petting.

> Anfangs hat sie sich schon ein bißchen angestellt. Ich: „Komm jetzt! Du hast mich doch lieb! Jetzt mach halt; ist doch nichts dabei." Sie: „Okay, gut, mach ich es halt." Ich, eine Weile später: „Komm, jetzt richtig, ohne was dazwischen." Da hat sie sich noch mehr angestellt. Aber ich habe ihre Hand genommen und so reingeschoben und gesagt: „Jetzt komm, jetzt mach mal." Ich habe meine Hose dann ausgezogen, und sie hat es gemacht bis zum Ende.

Der Koitus kam allerdings erst an ihrem zwölften Geburtstag. Diese Mischung von Überreden, Bedrängen und entschlossenem Vorgehen wirkt abstoßend, wäre da nicht die Vermutung, daß es unter Jugendlichen durchaus oft genauso zugeht, immer noch.

Wie glaubhaft kann eine spätere Einwilligung sein, wenn das Kind anfänglich widerstrebte? Muß der Liebhaber ein erstes Nein, auch ein implizites, als endgültig ansehen, oder darf er auf einen möglichen Sinneswandel setzen?

> Ich habe ihn gefragt, ob ich an seinem Geschlechtsteil lutschen darf. Er hat es verneint. Dann haben wir es doch gemacht. Der sexuelle Kontakt lief über mehrere Jahre. Er war sechs oder sieben Jahre alt. Gedauert hat es, bis er 18 war.

Das erste Nein kann einer gewissen Ratlosigkeit entsprungen sein, dem Zögern vor etwas Unbekanntem, zumal angesichts dessen, was man an Widersprüchlichem darüber gehört hat. Eine so zu verstehende Absage könnte unter Umständen revidierbar sein. Unsere Gesprächspartner haben sich über diese kritische Phase des Klärens und Aushandelns nicht genauer geäußert. Die Forschungsgruppe war auf diesen, wie er mir jetzt erscheinen will, neuralgischen Punkt nicht vorbereitet.

> Wenn ich merke, daß der Junge grundsätzlich gern mit mir zusammen ist, aber Hemmungen hat, d. h. daß er sich nicht traut, weil es für ihn natürlich eine völlig neue Situation ist, dann fühle ich mich in der Lage, ihm die Hemmungen zu nehmen. Da bin ich vielleicht mit den Händen beim Schmusen ein bißchen aktiver als er. Führe ihn auch mal ein bißchen. Aber das ist eine Übergangssituation. Denn entweder findet der Junge dadurch, daß ich ihn heranführe, daran Gefallen, oder er findet daran keinen Gefallen.

Die bislang geschilderten Grenzfälle changieren in der Bewertung, wieweit die schließlich erreichte Einwilligung als normativ ausreichend angesehen werden kann. Es läßt sich darüber diskutieren. Nicht diskutieren läßt sich, wenn einige Interviewpartner uns vereinzelte Situationen schildern, in denen die Grenzen zum Exploitativen oder Sadistischen überschritten werden. Auch diese Befragten zählen zu den echten Pädophilen. Was sie an m. E. Unakzeptablem berichten, ändert auch nicht den Gesamteindruck, den ich von der pädophilen Sexualform gewonnen habe. Es sind Männer, deren pädophile Handlungskompetenz eingeschränkt ist. Ich darf hinzufügen: Diese Abstufung der Kompetenz findet man in allen Sexualszenen.

> Die Zwölfjährige habe ich von hinten an die Brust gefaßt und sie dann ins Schwimmbecken geschmissen, so daß ich richtig schön die Brust befummeln konnte. Aber weiter ist es nicht gekommen. Eine, die war dreizehn, die war überhaupt nicht entwickelt, hat weder eine Brust gehabt noch was auf der Muschi. Sie hat

> aber im Freibad groß rumgeschrien: „Ich hab schon Brüste, ich hab schon Haare." Ich: „Beweis doch mal. Komm, gehen wir in die Kabine." Erst wollte sie nicht so recht, dann habe ich sie überzeugt und sie ausgezogen, habe ein bißchen an der Muschi rumgefummelt. Sie hat gleich die Beine zusammengeklemmt. Weiter bin ich bei dem Mädel nie gegangen. So läuft das bei mir: Erst Gesprächskontakt; man liegt zusammen auf dem Handtuch, man rubbelt sich gegenseitig ab, cremt sich gegenseitig ein, und wenn die Hand dann irgendwo anders hinrutscht...

Geht der Bursche nun bloß forsch ran, oder tut er den Mädchen etwas zuleide? Diese Art von aufgedrängtem Körperkontakt – Sexualität muß man es nicht unbedingt nennen – fragt nicht stets nach der Einwilligung. Immerhin macht der Mann Schluß, wenn die Kleine widerspricht. Ist sein Verhalten nun mehr spielerisch oder vor allem widerlich? Vielleicht blamiere ich mich schon allein dadurch, daß ich noch fragen kann.

Irritiert hört man auch, wie derselbe Mann drei Jahre hindurch mit einer anfangs Siebenjährigen in derselben Jugendgruppe ist.

> Ich wollte sie fotografieren, und sie war einverstanden. Sie wußte, um was es ging. Mir war's wichtig, einfach mal solche Bilder zu haben. Anfangs gab sie sich etwas scheu, aber dann ging sie richtig aus sich raus und machte mit. Als ich dann gesagt habe, willst du nicht das Höschen ausziehen, hat sie es ausgezogen und einfach die Beine breitgemacht. Dann habe ich sie ein bißchen gestreichelt. Bei ihr habe ich gemerkt, daß sie Interesse hat, sich mir zu nähern. Eines Tages habe ich sie einfach mal auf den Arm genommen und ihr über der

Hose so'n bißchen an der Muschi entlanggestrichen. Sie hat sich nicht gewehrt, hat nicht geschrien.

Der Befragte äußert sich unklar bzw. reichlich formelhaft darüber, ob das Mädchen wirklich einverstanden war im Sinne ihres ‚natürlichen Willens'. Wenn sie gerne etwas vorzeigt, dann bedeutet das noch nicht, daß er dort streicheln oder einen Finger hineinstecken darf. Eine so hohe Schwelle für die kindliche Ablehnung läge weit oberhalb dessen, was noch als Zustimmung gedeutet werden könnte. Gleichwohl kann sich dieser Mann ein Zusammenleben mit der Kleinen vorstellen, sogar auf Dauer. Überhaupt schätzt er die Mädchen auch dann noch, wenn er sie als Erwachsene wiedersieht. Das heißt, er sieht im Mädchen die kommende Frau und in der Frau das frühere Mädchen.

Einen labilen oder unvollständigen Konsens vermute ich dort, wo ein Interviewpartner keine Kindesreaktionen berichtet, aus denen Einverständnis hervorgeht. Bei einigen Mädchenfreunden bleibt die Kleine sozusagen stumm, so als schlösse er aus ihrem Stillhalten ein Ja. Um so ausführlicher werden die eigenen Sicherheitsinteressen erörtert.

Ich habe nebenbei noch ziemlich viel oberflächliche Beziehungen, wo ich das Mädchen zwar streichele, die Brust, ganz behutsam, ich will nicht zuweit gehen. Wenn ich was mache, dann muß ich ganz sicher sein, daß das Mädchen nichts sagt. Ich habe denen auch gesagt: Wenn das jemals rauskommt, komme ich in große Schwierigkeiten, und du kommst ins Erziehungsheim. Das wirkte. Ich sage immer, du hast doch deinen Willen, und ich habe auch meinen Willen. Ich betrachte dich als vollwertigen Partner, obwohl du ein Kind bist. Du hast genausoviel zu sagen wie ich.

Ersichtlich glaubt dieser Mann an den Mitmachwillen der Kinder; doch seine Schilderung bleibt zwiespältig. Zuviel traditionelles Männerdenken spielt hier herein. Vornehmlich Befragte mit einfacher Bildung haben ihre Sprache noch nicht entpatriarchalisiert, wahrscheinlich auch nicht ihr Betragen gegenüber einer jungen Frau. Dem Pädophilen, der sich an ein Mädchen wendet, steht seine Männlichkeit im Wege. Hegemoniale Maskulinität (Bob Connell) lautet das Programm seines Geschlechts, gerichtet darauf, sich überall durchzusetzen. Was die Kommunikation zwischen einem Jungen und einem Mann nur indirekt stört – winkt doch die Prämie der Dominanz schließlich beiden –, muß der Zuwendung zu einem Mädchen handfest in die Quere kommen. Der Mädchenfreund ist nicht nur als Erwachsener überlegen, er soll auch noch gegenüber allem Weiblichen dominant sein. Wenn er eine liebevolle Beziehung sucht, müßte er neben allem anderen die traditionellen Geschlechterbilder verlernen. Das wird ihm schon deswegen schwerfallen, weil hegemoniale Maskulinität aufs engste mit Heterosexualität verknüpft ist.

Sicherungen

Kurz vor Ende dieses, meines wichtigsten Kapitels will ich ein vorläufiges Fazit versuchen: Wie ist es um die Einwilligung eines sexuell angesprochenen Kindes bestellt? Die pädophile Sexualform verfügt über ein ungewöhnlich differenziertes Konzept zum Konsens, jedenfalls im Vergleich zu den geläufigen Sexualformen. In sprachlicher, zeitlicher und sachlicher Hinsicht strukturieren die Liebhaber ihr Vorgehen. Sie wünschen sich zwar sexuell aktive Kinder, begnügen sich dann aber mit solchen, die den Kontakt wenigstens genießen. Die Ungleichartigkeit der beiderseitigen Gefühle ist erkannt und wird bearbeitet. Die ganz große Überzahl der uns geschilderten Begegnungen und Freundschaften erscheint getragen von einer Einwilligung in das, was sexuell geschieht, wobei die Erwachsenen das Nein zu weitergehenden Wünschen beherzigen. Die Grenzfälle, soweit uns berichtet, trüben den Gesamteindruck nicht entscheidend.

Nach Lektüre der Interviews drängen sich zwei zusätzliche Überlegungen dazu auf, daß der Befund so und nicht anders ausfallen mußte, weil anders eine echte Pädophilie gar nicht existieren könnte. Zum einen müssen die Liebhaber an ihrer eigenen Sicherheit interessiert sein, und sie wünschen sich ein einigermaßen dauerhaftes Verhältnis zu dem einmal gewonnen Liebling.

> Ich verhalte mich stets korrekt zu den Kindern, zu denen ich sexuelle Beziehungen habe. Ich frage vorher, und zwar so, daß keine Mißverständnisse entstehen können. Man kann ja eine Frage so stellen, daß der andere die falsch versteht. Dadurch könnten die dann sauer auf mich werden.

Noch besser als das strategische Kalkül garantiert das sexuelle Empfinden, daß die Autonomie des Kindes nicht angetastet wird. Immer wieder betonen unsere Gesprächspartner, wieviel Wert sie auf das freiwillige Mitmachen des Kindes legen, und dies nicht bloß aus ethischem Grund, sondern aus sexueller Motivation. Ohne die Einwilligung scheint die pädophile Lust auszubleiben.

> Ich hätte überhaupt keinen Spaß daran, wenn

ich spüre, daß der Junge das nur zwangsläufig praktiziert.

Die Initiative ist sicher von meiner Seite ausgegangen. Aber wenn ich spüre, daß jemand sich nicht wohlfühlt oder nicht will, dann kann ich überhaupt nicht mehr reagieren.

Für mich ist unheimlich wichtig, daß der Junge bei der Sache ist und sich auf mich konzentrieren kann; sonst passiert bei mir auch nichts.

Mein Traum ist ein Junge, der mich liebkost.

‚Und bist du nicht willig, so brauch ich Gewalt' ist eindeutig keine pädophile Formel, sondern eine angstvolle Projektion. Vielmehr begegnet das Kind einem sexuell zurückgenommenen Erwachsenen. Die Kleinen sind insofern nicht unbedingt mit der vollen Gefühlslast erwachsener Sexualität konfrontiert. Die pädosexuelle Begegnung zielt tatsächlich in vielen Fällen auf das, was Michael-Sebastian Honig als das Ziel kindlicher Liebe bestimmt: eine spielerische Zärtlichkeitsbefriedigung, die genitale Erregung nicht ausschließt.

Ich sehe Sie schon die Stirn runzeln und höre Sie murmeln: Verharmlosung! Wie kann es auch gelingen, bei einer so gewagten Sexualform das Beschreiben und Bewerten auseinanderzuhalten? Tatsächlich folge ich unseren Daten, wenngleich das moralische Dilemma des Autors fortbesteht. Weitere Klärung verschafft vielleicht das folgende Kapitel, das ich übrigens für weit weniger wichtig halte, als manch andere das tun werden: Was und wieviel findet nun statt?

Die sexuellen Tatsachen der Pädophilie

Einspruch! Ihr mögt ja alles miteinander machen, eine ganze Reihe Pädophiler jedoch macht genital wenig bis nichts. Hinsichtlich der Art und Zahl sexueller Handlungen spannt sich ein weiter Bogen über unsere Befragten, wobei die Erlebnisdichte und die Summe des bislang Vorgekommenen jeden einzelnen auf einen bestimmten Platz stellen – in diesem Spektrum zwischen allem oder nichts.

Falls Sie die sexuellen Fakten besonders wichtig finden oder dieses Kapitel zuerst aufgeschlagen haben, bin ich versucht gegenzufragen: Was steckt hinter Ihrem Interesse? Ich habe mich den gesamten Bericht hindurch darum bemüht, mich durch die an den Kindesmißbrauch geknüpfte öffentliche Erregung nicht zur Polemik hinreißen zu lassen. Diesem Vorsatz will ich um der Objektivität willen treu bleiben. Nur soviel: Den bekennenden Pädophilen auf seine sexuellen Handgreiflichkeiten zurückzustutzen und ihn dann als Verbrecher zu brandmarken ist ungefähr so töricht wie der Versuch, die echte Pädophilie zu entsexualisieren und zu einer erzieherischen Erbaulichkeit zu stilisieren.

Der Schweizer Beat Meier will in einem Text von 1990 die komplexe „Liebe zu Kindern" und „Sexualität mit Kindern" getrennt wissen. Sexuelle Regungen traten nicht immer auf und führten nicht stets zu sexuellen Handlungen. Auf einer begrifflich allgemeinen Ebene trifft das sicher zu: Liebe, Erotik und Sexualität lassen sich deutlich unterscheiden. Doch die Liebes- und Lebensformen der Gegenwart drängen jedes Individuum dazu, erotische Neigungen auch sexuell zu deuten und ihnen soweit als möglich nachzugehen. Die geschlechtliche Identität enthält heute auch die sexuelle Orientierung, und für das Gelingen einer Selbstdarstellung muß jemand auch sexuelle Erlebnisse vorweisen. Die Diskussion um das Zölibat bestätigt diese Regel. Die Sublimationsleistung eines Lewis Carroll käme heute kaum zustande.

Die allgemeine Sprachlosigkeit

Um 1980 geriet ich auf einer sexualwissenschaftlichen Tagung in eine Arbeitsgruppe, in welcher Männer über ihre erotische Faszination zu Kindern berichten sollten; sie blieben dann enttäuschend stumm. Eine Berliner Arbeitsgemeinschaft – die Autoren des 1976 erschienenen Buches „Sexualität ist mehr" (Michael Baurmann, Ralf Dose u. a.) – diskutierte über Monate mit einem selbstdeklarierten Pädophilen. Zu spüren war: Hier suchte ein Thema seinen Weg in die Fachöffentlichkeit, und es reflektierten darüber Männer, die ihr sexuelles Begehren durchdachten und die kindlichen Partner ernst nahmen. Schlechtes Gewissen und Verfolgungsfurcht verdammten damals noch zu einer Art von Sprachlosigkeit.

Zehn Jahre später waren die Pädophilen zwar immer noch im Aufbruch, aber bereits etwas weiter. Die Sprache der Liebe ist – das ist ein Grundproblem – in Ansehung ihrer sexuellen Komponente ganz dürr. Das Spiel der Körper läßt sich filmen, malen, bildhauern, dichten, sogar vertonen. Doch es wirklich zu beschreiben führt in eine Wüste. Roland Barthes, der es wissen muß, meint, daß das Vergnügen an sexuellen Praktiken nicht sprachlich vermittelt werden kann. Die Sprache könne die Handlungen nur nachstellen, chiffrieren, mit Ökonomie beschreiben.[24]

Wenn ich gleich damit beginne, dann sticht die erschreckende Armut der Worthülsen sofort ins Auge. Doch wollen Sie, dessen Neugier ich vorhin attackiert habe, genau das hören. Die westliche Zivilisation definiert sexuelle Akte nach den mitwirkenden Körperteilen. Sie kommt dabei auf gerade drei Regionen und Tätigkeitsarten, die in einer immer gleichen Trias beschrieben werden: körperäußerlich – Mund – untere Körperöffnungen. Sexologisch: Masturbation – Cunnilingus/Fellatio – Penetration bzw. manuell – oral – koital/anal. Umgangsprachlich: reiben – lecken/blasen – ficken/bumsen. Die Sprache der Pädophilen und der Jugendlichen verfährt ebenso, nur heißt die manuelle Aktivität hier rubbeln. Da unsere Interviewpartner in diesen Begriffen und in jener Dreiteilung über die sexuellen Ereignisse sprachen, habe ich keine andere Wahl, als das Geschehen so wiederzugeben. Allerdings sehen wir dann den Sex von seiner banalsten Seite.

Am Körper des Kindes

Was passiert genital mit dem Kind? Tatsächlich kann alles vorkommen – da hat der in der Kapitelüberschrift Zitierte recht. Nur kommt das alles viel weniger dramatisch vor, als ich selbst, zu schweigen von manchen aufgeregten Zeitgenossen, vor unserer Untersuchung erwartet hätte. Von der Qualität, den Handlungsinhalten her gesehen, geschieht das Übliche mit Abstrichen, denn das Außergewöhnliche wird offenbar ausgespart. Insoweit kann ich etwas Entwarnung geben: keine Faust in Knabendärmen, keine sechsjährige Domina mit Peitsche, keine der bekannten Perversionen. Jedenfalls heute nicht, bislang nicht – wer will in irgendeiner Sexualszene Änderungen in der Zukunft ausschließen?

Vielleicht hegen wir zu viele Vorannahmen darüber, wie erwachsene Männer von Natur aus sind. Da mag es dann zu vordergründigen Polarisierungen kommen. Die einen sehen Kinder als sexuell unbewandert und Erwachsene als Gefahr für eine gesunde Entwicklung. Die anderen reden von der Sexualität des Kindes und dem Erwachsenen als möglichem Partner. Beide Lager verallgemeinern beklagenswert und verfehlen die Vielfalt vorkommender Beziehungen.

Wenn ich im folgenden einige Ausschnitte der Interviews mitteile, in denen über das unmittelbar sexuelle Handeln gesprochen wird, dann verbinde ich damit keine interpretierende Idee. Die Texte mögen den Lesern einen Eindruck vermitteln, mehr nicht. Eine Einheitsform pädophiler Genitalität gibt es nicht, so wenig wie in der Erwachsenensexualität. Die Wünsche der Pädophilen differieren durchaus; die Kinder unterscheiden sich nach Altersstufe, Entwicklungsstand und Persönlichkeit. Es kommen so mannigfaltige Paarungen zustande, daß mit einer einheitlichen Pädosexualität nicht zu rechnen ist. Ich orientiere mich an einer alltagsweltlichen Vorstellung zur Intensität sexueller Kontakte und schreite vom anscheinend leichten zum schweren Fall fort. Wie schon im vorigen Kapitel lassen sich Beschreibung und Bewertung kaum auseinanderhalten.

Sexualisierte Spiele. Ein Mann sieht im Schwimmbad einen Zehnjährigen, der beim Umkleiden ein stehendes Glied präsentiert. Er beginnt ein Gespräch, stellt sich den Eltern vor, zwei Tage später geht man gemeinsam zum Schwimmen.

> Dann kam eine Zeit, wo er sich mir um den Hals gehängt hat, von vorn, mit den Beinen um mich herum. Da kam auch schon der erste Kuß. Wir waren uns so nah, haben uns angeschaut und lachen müssen, weil die Gesichter so nah zusammen waren. Das war ein richtiger Zärtlichkeitsaustausch. Es war wunderschön. Dann hat es auch nicht lange gedauert, und er hatte einen Steifen. Da waren wir eine halbe Stunde fast regungslos im Wasser.
>
> Mein erster Freund mochte gern massiert und mit den Fingerspitzen gekrabbelt werden am Rücken; darauf war der unheimlich geil.
>
> Der Freund vom letzten Sommer stand unheimlich auf Küssen. Der kam immer schon zu mir und machte solche Augen. Dann konnte ich gar nicht anders, als ihm einen Kuß auf den Mund zu drücken. Wenn wir allein waren, ging das oft weiter, weil er sofort einen stehen gehabt hat. Das habe ich im Bad beobachtet: Wenn ich auf ein bis zwei Millimeter in die Nähe seines Mundes gekommen bin, machte es pling, und das Ding stand.

Die meisten Pädophilen möchten küssen, und fast stets geht hierzu die Initiative von ihnen aus.

> Es gibt Jungen, die küssen sehr gerne. Das ist wirklich von Junge zu Junge verschieden. Viele mögen das gar nicht: „Nee, das macht man nur mit Mädchen, nicht mit Männern."

Solche Jungen, vor allem die in dieser Szene nicht seltenen jungen Türken, fürchten es wie die Pest, als schwul zu gelten. In solchen und anderen Fällen startet man nicht zärtlich, sondern sportlich.

> Das ging meistens los mit Balgen, Rumschubsen und so. Dann lag er auf mir drauf, und dann fing das an.

Die Mädchenfreunde erzählten uns wenig über das Vorfeld. Vermutlich bewegen sie sich darin leichter wegen des heterosexuellen Trainings beider Seiten. So mancher findet hier bereits Erfüllung.

> Bei der sexuellen Begegnung mit Kindern spielt Spontaneität eine große Rolle. Mit einem zehnjährigen Mädchen schlafe ich ja nicht. Es geht da nur um den Umgang, viel bescheidenere sexuelle Spielarten, die im Vorfeld des Spielens bleiben. Die haben aber für mich aufgrund dieser spontan geprägten Situation mehr Reiz als der vollzogene Geschlechtsverkehr mit einer erwachsenen Frau.

Manuell. Der eine oder andere Mädchenfreund, der auch Frauenbeziehungen hat, begnügt sich mit Berührungen, aber auch die Knabenfreunde:

> Das ergab sich schon aus den Kinderspielen. Man spielt normalerweise Doktor. Macht ja fast jeder. Ich fand da nie was Besonderes bei. Eigentlich ist nie mehr gewesen als groß fummeln oder so.
>
> Da war nur Petting. Mit dem Glied spielen und streicheln. Einfach die Haut spüren. Das ist unheimlich schön. Sonst nichts; aber das gilt ja schon als sexuelle Handlung. Der Junge war dermaßen wild dabei; immer wieder wollt er's haben. Für ihn war's lange Zeit einfach Ausprobieren, wann das mit seinem Samen klappt, wie gut ein Orgasmus ist, wie ihm das gefällt. Dann untersuchte er sein Glied: „Guck mal, das ist schon wieder ein bißchen länger." Interessant

war dann die Zeit, als das erste Härchen bei ihm kam. Damit haben wir uns auch beschäftigt. Das fand ich genauso spannend wie er.

Den Knaben zu masturbieren ist zweifellos die am häufigsten, wenn nicht bei allen geübte Praktik. Auch ohne Orgasmus, für den sogar Dreizehnjährige noch zu jung ist. „Am unkompliziertesten ist eigentlich das Rubbeln". Vielen ist das Onanieskript bereits bekannt. So mancher Knabe dürfte das, was der Liebhaber mit ihm macht, erlebnismäßig als Selbstbefriedigung abbuchen.

Oral. Hierzu sagt ein Teil der Kinder nein.

Blasen war nicht das, was ihn angetörnt hat. Wenn sie es entdecken, lassen sie sich auch gerne lutschen. Ich habe einem Jungen gesagt: „Mensch, das ist ja wie mit den Mädchen." Der hatte mit acht Jahren mit 'ner Freundin experimentiert, und das muß ihm gut gefallen haben.

Er hat gerne, wenn man an seinem Säckchen leckt. Und dann weiß ich, daß er sich gerne einen blasen lassen will. Findet er schön, macht ihn geil. Legt dann seine Hände auf deinen Kopf, damit du ja nicht weggehst.

Für die Mädchenfreunde hat der Cunnilingus möglicherweise eine hervorgehobene Bedeutung, und vielleicht ist er auch noch eher willkommen.

Am liebsten war es ihr, wenn ich sie unten geküßt habe. Das konnte sie ewig haben. Wenn ich ihr einen Gute-Nacht-Kuß gegeben hab, dann hat sie gesagt, „Das ist noch nicht alles" und mit dem Unterkörper gewippt. Eine Art wilde Jagd spielte sich oft im Bett ab, wenn sie sagte: „Fang mal meine Muschi!" Ich mußte dann versuchen, ihre Muschi zu küssen, während sie versuchte wegzukommen.

Anal. In einen Jungen einzudringen, wird als gelegentlich möglich erwähnt. Daß es nirgends erzwungen wird, versteht sich von selbst. Nicht einmal Druck wird dahingehend ausgeübt. Viele Knabenliebhaber schließen einen solchen Koitus ohnehin aus, weil er sie selber nicht interessert.

> Bumsen nicht, da zu habe ich überhaupt keine Beziehung. – Okay, ich bin erwachsen, da ist es sicherlich was anderes. Aber ein Kind, das geht nicht. Nicht weil ich es nicht will, sondern es reizt mich auch nicht.

Wer an sich so etwas mag, der weist doch gleich darauf hin, daß es eigentlich nicht geht und daher kaum geschieht.

> Das ist sehr selten. Unter Hunderten vielleicht einer, der gerne gefickt werden will. Das gibt's auch.
>
> Das wollte ich eine Zeitlang nicht, weil ich mir gedacht habe, das tut dem Jungen weh. Aber heute weiß ich, wenn der Junge das will, daß das eben nicht wehtut. Also will ich das heute auch; aber ich lege es nicht darauf an. Da muß der Junge wirklich von sich kommen und sagen, mach das. Ich hab's noch nicht gemacht, aber ausprobiert schon.
>
> Eins ging bei ihm nicht, worauf ich eigentlich schon steh: bumsen. Das macht er nicht, hat er gesagt, und ich, ach komm, mach doch. Aber er blieb bei nein. Das ist sein heiligster Körperteil, und in sein Allerheiligstes kann ich nicht eindringen. Vielleicht später mal. Das habe ich dann wohl oder übel respektieren müssen. Es war auch so recht schön. Und dann haben wir uns ziemlich regelmäßig getroffen.

Vereinzelt steht eine Äußerung, „daß die meisten Jungs, wenn sie erst mal ihre Angst überwunden haben, sich gerne ficken lassen". Ein Pädophiler, der mit über hundert Jungen sexuell etwas gehabt hat, sagt zum Analverkehr:

> Ich hatte bis jetzt erst einen Jungen, dem das gefallen hat, und der auch selber gesagt hat: „Komm, ich hab jetzt Lust." Erst mal ist es ein psychologisches Problem; wenn man sich ficken läßt, dann ist man in der weiblichen Rolle und der Unterlegene. Und dann kommt noch der physische Teil, daß es für die meisten anatomisch gar nicht möglich ist ohne Schmerzen.

Die Mädchenfreunde lehnen einen Koitus überwiegend, aber nicht ausnahmslos ab. Sie müssen stärker gegen eine Normalvorstellung ankämpfen, wonach ein Geschlechtsverkehr sich zwischen Penis und Vagina vollzieht. So könnte man beinah verblüfft sein, mit welcher Intensität und Selbstverständlichkeit sie ihre Absage ausdrücken. Manche dieser Pädophilen ahnen erotisch im Mädchen schon die Frau und vermögen gleichwohl sexuell zwischen beiden zu trennen. Vielleicht spricht sich in ihrer Pädophilie auch ein Ungenügen gegenüber der herrschenden Heterosexualität aus, wie manche Klage über Leistungsdruck und Potentseinmüssen vermuten läßt. Einer unserer Gesprächspartner scheint die Erwartung unserer Interviewerin zu erfüllen, die ihn fragt, wie es denn mit einem Mädchen sei.

> Ein Mädchen ist so zart und klein, so lieb, für mich ein Engel. Also dem könnte ich nicht wehtun. Gut, Geschlechtsverkehr muß nicht unbedingt mit Schmerzen oder mit Qualen verbunden sein; das kann man auch liebevoll machen. Aber ich weiß nicht, ob die mit elf, zwölf schon körperlich so reif sind, daß das möglich wäre. Die sind ja nicht nur körperlich, sondern auch psychisch noch gar nicht

reif. Da ist das Bedürfnis noch gar nicht gegeben.

Überwiegend kommen die Absagen spontan und klingen aufrichtig.

Ja, mit meiner Frau eben, aber um Gottes willen nicht mit den Kindern. Abgesehen davon, daß ich das noch nie versucht habe, ist das auch gar nicht meine Richtung. Abgesehen davon, daß da bestimmt Gewalt nötig wäre, ginge es wahrscheinlich gar nicht vom Körperlichen her. Das ist für mich nicht der Weisheit letzter Schluß. Für mich ist das Schönste schmusen.

Wir haben uns überall geküßt. Richtig miteinander geschlafen, wie Erwachsene das tun, daß ich also in sie eingedrungen wäre, das haben wir nicht gemacht, weil ich wußte, das das ihr weh tut. Das sollte zärtlich bleiben.

Besonders entschiedene Absagen sprechen Männer aus, die über wenig oder gar keine pädophile Praxis verfügen, so daß der Härtetest fehlt.

Ich stelle mir gar nicht vor einzudringen. Das wäre schon von der Anatomie her gar nicht möglich.

Dann hätte ich ihr auch weh getan, das hätt ich nicht gewollt, das wäre für mich kein Vergnügen gewesen. Ich meine, das wird sich darauf beschränken, daß man sich aneinander drückt.

Auch wenn über einen vollzogenen Koitus nur in wenigen Fällen berichtet wurde, müssen diese doch eingehender betrachtet werden. Manche Mädchenfreunde trauen sich eben doch. Soweit Angaben vorliegen, waren die Kinder zwölf und dreizehn Jahre alt, mit der Ausnahme des abschließend berichteten Grenzfalles, so daß sich unter Umständen von einer jungen Frau als Partnerin reden ließe, wenn sie genauer beschrieben wäre. Einige Fälle liegen viele Jahre zurück und bildeten für den Mann diesbezüglich das einzige Mal, eher eine Geschichte unter Jugendlichen. Allen Relativierungen zum Trotz bleibt die Tatsache, daß in der Pädophilie ein Koitus mit dem Mädchen nicht mit absoluter Konsequenz ausgeschlossen ist. Ganz nah dran war ein Dreißigjähriger mit einer Zwölfjährigen vor einem Dutzend Jahren, was er als klassisches Beispiel schildert.

> Die zweite Nacht habe ich versucht, richtig mit ihr zu schlafen. Ich kam aber nur teilweise in sie hinein, weil sie noch Jungfrau war. Das Hymen schien unzerbrechlich, es hätte ihr weh getan. Ich habe sie vorher auch gefragt: „Meinst du, wir sollen's mal versuchen?" – „Ja, aber ganz vorsichtig." Ich hab's auch mit aller Sorgfalt versucht; es war ziemlich eng. Ich hätte in sie hineingepaßt, nur sie war noch Jungfrau, und ich konnte sie nicht deflorieren.

Einige andere tun es. Ein damals Achtzehnjähriger kannte seit mehreren Monaten eine Zwölfjährige, die ihn fragte:

> „Wie ist es eigentlich, wenn man mit 'nem Mann schläft?" Ich: „Ich könnt's dir zeigen, wenn du möchtest." Und dann habe ich ihr gezeigt, wie man sich küßt, wie man sich gegenseitig streichelt und so weiter. Sie ging drauf ein. Auf jeden Fall kam es dann dazu, daß ich sie gebumst habe, ganz langsam, damit sie merkt, wie es ist. So ging das dann bis Ende des Jahres. Man muß sehr vorsichtig sein. Man muß sich sehr beherrschen können, um sie nicht zu verletzen oder ihr weh zu tun. Ich bin ein Mensch, der sehr einfühlend ist, also auf den anderen achtgibt. Wenn's in dem Alter

nicht so klappt, gut, okay, was soll's, dann geht man zum Blasen über. Es ist für ein Mädchen genauso schön wie für einen Mann, das zu erleben. Wenn die Defloration geschehen ist, ist das auch eine sehr schöne Sache. Wie schön kann es sein, wenn man sehr vorsichtig mit ihr umgeht, sehr zärtlich. Dann hat sie wirklich auch was davon, denke ich zumindest. Wenn man heute liest, daß ein Mädchen beim ersten Mal überhaupt nichts empfunden hätte, dann gab es entweder keine Zärtlichkeit oder kein gegenseitiges Verständnis, oder es ging zu schnell. Ich versteh's nicht, daß Menschen keine Zärtlichkeit geben können.

Auch der folgende Fall ereignete sich zwischen einem gerade volljährig gewordenen Mann und einer Zwölfjährigen. Wiederum also könnte es sich um eine Jugendlichen-Situation handeln.

Es lief Glory of Love, Titelmusik aus Karate Kid; seitdem hat die Musik große Bedeutung für mich, wenn ich sie höre. Es hat sich so ergeben, wir sind ins Bett gegangen und haben Geschlechtsverkehr probiert. Ich hab's erst nicht so richtig gepackt. Den Eingang zu finden, das war nicht so leicht. Ist ziemlich blöd gewesen, wenn man keine Erfahrung hat. Dann habe ich gesagt: „Jetzt hilf mal mit. Du kennst dich da besser aus." Sie hat's dann gleich gemacht, mich gepackt und an die richtige Stelle gesteckt. Dann haben wir's halt richtig gemacht. – Sie ist morgens immer zu mir ins Bett gekrochen oder ich zu ihr. Die Eltern waren einverstanden, daß wir jetzt knutschen und Petting machen, die waren so liberal drauf. Die Mutter hat gesagt, Petting ist okay, aber bitte wartet mit dem anderen noch 'ne Weile, bis ihr mal älter seid. – Wir haben's dann jeden Tag gemacht, manchmal zweimal am Tag. Es hat ihr Spaß gemacht.

Nicht ausgeschlossen ist, daß sich manche unserer Gesprächspartner etwas bedeckt gehalten haben, wenn die Rede auf Geschlechtsverkehr kam, zumal wenn eine Frau sie interviewte. Andererseits war unsere Wißbegier so unverhohlen, daß fast jeder Befragte in der mehrstündigen Unterhaltung nicht umhin konnte, seine Erfolge auf den Tisch zu packen. Die Befragten schonten sich meist nicht, uns zu beeindrucken. So entstand auch der folgende, außerordentlich zwiespältige Bericht. Ein Akademiker, in den Vierzigern, hat mit vielen Mädchen richtigen Geschlechtsverkehr gehabt.

Ich bin mir absolut sicher, daß das für das Mädchen keinen sexuellen Spaß oder Freude oder Befriedigung gebracht hat. Das habe ich gespürt. Ich weiß auch, daß es weh tat am Anfang, das ist gar keine Frage. Das Mädchen wußte auch, daß es die ersten Male unangenehm werden wird, vielleicht auch sehr schmerzhaft. Ich habe lange mit mir im Kampf gelegen, ob das überhaupt etwas ist, was ich möchte: richtigen Geschlechtsverkehr. Als ich erkannte, daß das etwas Wichtiges für mich ist, war es für mich überhaupt kein Gedanke, ob ich Geschlechtsverkehr habe oder nicht. Es war außerhalb jeglicher Diskussion. Ich habe dann mitbekommen, daß unter den sogenannten Gleichgesinnten eine kontroverse Diskussion geführt wurde und geführt wird, ob es etwas ist, was man verantworten kann. Ich habe meine Schlüsselerlebnisse gehabt und meine Entscheidung getroffen. – Daß Mädchen von zehn, elf aus dem Geschlechtsverkehr keine Lust ziehen, kein Liebesgefühl haben, da bin ich mir völlig sicher.

Dieser Befragte wirkte sehr angespannt. Er fühlte sich schuldig und wie „der letzte Dreck". Seine sexuellen Wünsche und Handlungen empfand er als schmutzig. Er ist einer der wenigen Grenzfälle unserer Stichprobe. Was er sagt und was er tut, erfordert eine Intervention, zu der wir ihm auch geraten haben.

Vergleicht man die koitalen Praktiken gegenüber männlichen und weiblichen Kindern, dann wirkt das Vorgehen der Mädchenfreunde insgesamt bedenklicher. Der Umgang zwischen den Geschlechtern ist einfach ruppiger als der zwischen Gleichgeschlechtlichen. Eine ganze Ideologie, wonach die Frau dem Manne untertan sein soll, lastet bereits auf der Liebe zum Mädchen.

Die Befriedigung des Liebhabers

Entgegen der sexualwissenschaftlich üblichen und berechtigten Sichtweise trennt meine Analyse den Körper der Kinder von dem der Erwachsenen. Zu wenig integriert erscheinen die beiden als sexuelles Paar, zu sehr muß der Pädophile das Geschehen steuern, als daß die Körper miteinander in Lust verschmölzen. In der pädophilen Beziehung, verglichen mit der Erwachsenensexualität, gelangt der Ältere auf deutlich andere Weise zu seiner Befriedigung, aber ohne daß ihm andere Techniken zur Verfügung stünden.

Was kann der Pädophile für sich orgasmisch erwarten? Die wenigen Koitusfälle, ihrerseits schon nur unter Vorsicht und Konzentration betrieben, machen allein zahlenmäßig ganz wenig aus. Viele Männer können von einzelnen Situationen berichten, in denen sie mit dem Kinde ihren Orgasmus bekamen:

> Vergangenen Dienstag waren wir wieder in der Dusche. Er hat tatsächlich Wichsbewegungen gemacht, zwar nicht übertrieben oder ausladende Bewegungen, aber doch regelmäßige Stimulation, die ich ihm nicht eingegeben habe, sondern das machte er von sich aus. Das ist für mich das Höchste überhaupt. Da flippe ich aus, wenn ich so einen Jungen in der Nähe habe oder wenn der mich umarmt. Und dann das noch. Dann hat es nicht lange gedauert, bis es mir kam. Er hat hochgeschaut und gesagt: „Kommen jetzt schon die schönen Gefühle?“ Mein Gott, das siehst du doch, habe ich mir gedacht. Es war Wahnsinn.
>
> Es kommt immer darauf an, bei den meisten Jungs ist eigentlich nicht mehr drin, als daß die mir mit der Hand einen runterholen, ein bißchen streicheln usw. Sagen wir mal, jeder zehnte ist auch bereit, bei mir mit dem Mund was zu machen; aber das ist recht selten der Fall.
>
> Als Mädchen hat sie schon in der Badewanne gesagt: „Was hast du denn da? Warum ist das mal so und mal so?“ Dann reitet einen einfach der Teufel. Ich: „Da kann auch was rauskommen.“ Ich habe ihr dann gezeigt, wie man das macht. Die ersten paar Male hatte sie einen unheimlichen Spaß daran, dann ging der Spaß ein wenig verloren. Das Mädchen machte es meistens mit der Hand.
>
> Meistens in dem Moment, in dem ich sie unten geküßt hab. Ich habe gesagt: „Wenn du aufhörst, höre ich auch auf.“ Sie hat dann versucht, es möglichst nicht aufhören zu lassen.

Schon mit einer Vierjährigen kann so etwas geschehen. Natürlich wünscht der Pädophile, an seinem Glied gereizt zu werden, manuell oder oral. Nur willfahren die Kinder dem überaus selten.

Dazu haben sie in der Regel kein so großes Bedürfnis und auch kein großes Geschick. Es ist mir im Grunde auch nicht sehr wichtig.

Er war vielleicht zu ungeschickt. Es ist tatsächlich so, daß ich oft oder fast immer keinen Orgasmus habe, wenn ich mit einem Jungen sexuell zusammen bin, sondern das später nachhole, wenn ich mich dran erinnere. – Wenn es für den Jungen etwas bringt, daß ich selber auch ausgezogen bin und er mich anfaßt, habe ich nichts dagegen. Aber es ist nicht so, daß er bei mir Gott weiß was alles tun soll, damit ich befriedigt werde. Das sage ich nicht aus Bescheidenheit, sondern ich mag mich einfach lieber auf den Jungen konzentrieren.

Ich weiß, daß auf der anderen Seite ein Gefühl in dieser Art und Weise nicht existiert. So in der Art: Da prallt die Geilheit von zwei Leuten aufeinander und will sich so schnell wie möglich entladen, das kenne ich nicht. Das ist immer nur einseitig und dann muß ich mich zurückhalten.

Immer erneut wird erwähnt, daß Kinder passiv bleiben. Schwärmereien vom sexuell aktiven Kind – aktiv gegenüber einem Erwachsenen – dürften sich auf Einzelfälle beschränken, die es durchaus gibt – und die es auch einbüßen können. Der Alltag sieht indessen so aus:

Er hat mich nicht bedient, und ich habe das nicht gefordert. Ich habe auch nie angedeutet, daß er das tun sollte, sondern gewartet, ob er's vielleicht tut, aber er hat's nicht getan.

Meistens ließ er sich ja von mir bedienen und

meldete sich nur, wenn ihm irgendwas nicht paßte.

Die Orientierung an der Bereitschaft des Kindes, die Hinnahme jeglicher Verweigerung gehört zum Know-how der pädophilen Lebensweise. Der übliche und oft genannte Ausweg ist die Onanie. Insbesondere wenn sie in unmittelbarer Nähe zum Objekt des Begehrens stattfinden kann, hat sie nicht mehr die gängige Ersatzbedeutung. Dies ähnelt vielleicht dem Zu-Ende-Streicheln einer Frau nach dem Koitus. Der Terror des Unbedingt-gemeinsam-zum-Höhepunkt-kommen greift in der pädophilen Situation nicht ein.

All die Einschränkungen bedeuten nicht, daß ein Pädoleben leer von empfangener Lust ist. Brauchbares Stimuliertwerden bis zum Orgasmus scheint eher rar zu sein. Das Beisammensein als Situation, die Nähe zu dem Kind, spendet die Lust. Für die Triebabfuhr, wie die schreckliche Bezeichnung lautet, bleibt der Mann selbst verantwortlich. Die Mischung von kleinförmiger Sexualität und großer Befriedigung beschreibt ein Mann, der Zehn- bis Vierzehnjährige liebt.

In erster Linie gibt's Streicheleinheiten, gegenseitiges Streicheln, Onanieren, Oralverkehr. Von meiner Seite aus. Umgekehrt passiert es auch, aber sehr unterschiedlich. Es gibt Praktiken, die manche Jungen überhaupt nicht mögen und auch nicht anwenden, während manche ganz wild darauf sind. Aber überwiegend ist es das Knuddeln, das Sich-im-Arm-Haben, das Streicheln, das Schmusen, das Küssen, auch Zungenküsse, eben auch wirkliches Streicheln und dann zuguterletzt das Onanieren.

Ein Orgasmus muß nicht unbedingt dazugehören. Ich kann es ebensogut nachher machen, wenn ich alleine bin. Wenn ich ein

> Mädchen küsse, ist das für mich schon fast der Höhepunkt. Meistens langt mir das. Vielfach langt es mir schon, wenn ich sehen kann, wie schön sie zwischen ihren Beinen aussehen.

Die Analyse der sexuellen Fakten bestätigt, was bereits das Ergebnis des vorigen Kapitels zur Einwilligung war: Die Kinder begegnen im Pädophilen einem sexuell zurückgenommenen Erwachsenen. Wenn er auch nicht verzichtet, so setzt er an Genitalität weit weniger ein, als andere Sexualsubjekte das tun. Ein Analogieschluß von der uns bekannten Homo- und Heterosexualität auf die Pädophilie wäre empirisch falsch. Unter reifen Menschen werden sexuelle Wünsche angemeldet und dann ausgehandelt. Im Verhältnis mit dem Kinde herrschen asymmetrische Gefühle. Der Ältere weiß, daß jedes Zuweit die Beziehung aufs Spiel setzten würde.

> Meine Wünsche gehen nicht weiter als das, was er macht: Das Schmusen gefällt mir eigentlich am meisten. Bei mir kommt es nicht so auf das Sexuelle an, ob ich abspritze oder nicht. Das ist okay, aber das muß nicht unbedingt sein.

Ein grober Irrtum, geradezu heterosexistisch wäre es, die Unterschiede der Pädophilen – zur Erwachsenensexualtät als Versagen und Mangel zu sehen. Wir haben es nicht mit einer defizitären sondern mit einer anders geformten Sexualität zu tun. Unsere Befragten haben mehrfach erwähnt, selber gerne Kind sein zu wollen oder ihr eigenes Aufwachsen noch einmal zu erleben. Wahrscheinlich ist es auch diese rückbesinnende Phantasie, die den Pädophilen ihre eigenartige Sexualität eingibt.

Die historisch-soziale Konstruktion der Pädophilie

Einer – wir erfuhren seinen Namen nicht – um die dreißig, der länger heterosexuell gelebt hat und nun lockere Freundschaften zu Knaben unterhält, erklärte uns: „Ich glaube, das ist eine Sexualität, die stimmig ist, sowohl für den Jungen als auch für den Erwachsenen." Ist dieser Mann etwa verrückt? Wären wir unter allen Umständen verblendet, ihm Gehör zu schenken?

Was Kinderliebhaber im Sinn haben, das übertrifft die karge Landschaft einzelner Sexualakte bei weitem. Die echte Pädophilie stellt den Kindesmißbrauch an Intensität sozusagen noch in den Schatten. Was beim Inzest und exploitativem Akt – sie machen mehr als neun von zehn Fällen sexueller Handlungen mit Kindern aus – als Entgleisung gelten muß, das wird beim Pädophilen zur Struktur, zum Zentrum seiner Sexualpersönlichkeit. Genau deswegen will und darf er auch nicht den Mißbrauchern zugeschlagen werden.

Pädophilie als Bekenntnis

Pädophile entwickeln ein Selbstverständnis, das ihr Verlangen nicht als Unfall verharmlost, sondern genau umgekehrt zur Hauptsache aufwertet. Sie entschuldigen sich nicht für ihr Tun, sondern fordern Duldung oder gar Anerkennung dafür. Sie fühlen sich nicht schlecht, sondern wohl dabei und danach. Mit einem anderen, ziemlich modischem Wort: Der Pädophilie im engeren Sinn entspricht eine sexuelle Identität. Den Männern steht die Idee einer erotisch-sexuellen Beziehung vor Augen, und sie suchen diese Vorstellung zu verwirklichen, soweit die Umstände das nur zulassen. Eine Idée fixe ist weder bloßer Wahn noch Verbrechen, so wenig wie sie je normal oder etabliert werden könnte.

Pädophile Identität beansprucht den Rang einer Daseinsweise. Allerdings zeichnet sich diese Sexualform erst in Umrissen ab und ist längst nicht konturiert. Die gegenwärtigen Meinungskampagnen und Verfolgungsfeldzüge mögen sich insofern noch in der Hoffnung wiegen, ‚den Anfängen zu wehren' – wenn sie da nicht doch einer Illusion aufsitzen.

Die pädophile Identität kann neu oder altgedient sein.

> Ich bin noch nicht solange bewußt Pädo. Ich habe das verdrängt, nicht wahrhaben wollen.
>
> Meine Neigung zu Jungens ist sehr, sehr alt. Ich kann mich entsinnen, daß ich mit acht Jahren schon von den Jungen geschwärmt habe. Diese Kette ist nie wieder abgerissen.

Wie beschwerlich der Weg zum pädophilen Selbstverständnis ist – fast hätte ich gesagt: der Aufstieg –, läßt sich unschwer vorstellen. Das sogenannte Coming-out ist ein Prozeß des Erkennens und Bewußtwerdens, der durch dichte Filter des Zweifels und einen Wald von Verbotstafeln hindurchmuß.

> Ich war sehr unerfahren. Ich hatte niemanden, von dem ich das lernen konnte. Ich habe das nach und nach durch Bücher, Zeitschriften und so weiter herausbekommen.
>
> Für mich ist das ein langer, schmerzhafter Weg gewesen, so ein Stück weit zu der Locker-

heit zu kommen, die ich heute habe. Heute lache ich darüber, aber ich habe wahnsinnige Ängste gehabt.

Knabenliebhaber und Mädchenfreunde beschreiben sich übrigens kaum je mit den Begriffen homo- bzw. heterosexuell. Die Literatur tut das um so lieber (beispielsweise der bereits erwähnte Kurt Freund). Das ist ganz unsinnig, weil es hier nicht um Beziehungen unter Erwachsenen geht, sondern zwischen Generationsverschiedenen. Und es führt in die Irre, weil die vier Phänomene eine deutlich verschiedene Gestalt haben. Hier bestehen nicht sehr viele Zusammengehörigkeiten oder Übergangswahrscheinlichkeiten. Beispielsweise werden viele Knabenliebhaber, nach ihrer Notpräferenz unter Erwachsenen befragt, Frauen und nicht Männer als ihre zweite Wahl benennen.

Sich als pädophil zu identifizieren bedeutet, bei einem Begehren eigener Art anzulangen. Einige Koordinaten dieser Sexualform habe ich im zweiten und dritten Kapitel skizziert. Was am Kinde erotisiert wird, was im Spiel mit ihm sexualisiert wird, das scheint allein innerhalb der echten Pädophilie verfügbar zu sein. Nicht diese bildet ein Surrogat, sondern der Verkehr mit Erwachsenen wäre ein Ersatz.

Wie die Begegnung, auch die sexuelle Begegnung aussehen kann zwischen einem Jungen und einem Mann, das kann sich keiner vorstellen. Das ist wie ein fremder Planet. Du kannst dir keinen fremden Planeten vorstellen, wenn du ihn nicht betreten hast. Die Leute sehen einfach nur den sexuellen Akt, und den assoziieren sie mit ihren Schweinefilmen, die sie gesehen haben, mit dieser käuflichen und vermarkteten Sexualität, die einfach widerlich in der Form ist. Sie kennen's nicht anders.

Wie fest sie von ihrem Pädophilsein überzeugt sind, das unterstrichen viele unserer Befragten unaufgefordert mit Bekenntnissen. Der echte Pädophile huldigt einer Konfession, die ihm unverrückbar vor Augen steht. Wenn ich mich entsinne, wie ich dazu gekommen bin, diese Untersuchungen anzustellen, dann stoße ich immer wieder auf die bekennenden Pädophilen, denen ich um 1980 erstmalig begegnet bin. Ihr nachdenkliches Auftreten, ihr offenes Selbstbewußtsein und ihre äußere Not haben mich damals beeindruckt und den ersten Zweifel am Bild des Sexualverbrechers gesät. Eine geschlechtliche Lebensweise, die sich in einer sexuellen Identität manifestiert, verdient immer eine unvoreingenommene Erforschung. Zum Beispiel dieser Fall einer engen Freundschaft zu einem Dreizehnjährigen, zu der zeitweise die Polizei ermittelte:

> Ich habe in der ganzen Beziehung keine Gewissensbisse. Ich werde zu dem Richter gehen und ihn fragen, was der ganze Scheiß überhaupt soll. Es hat nie Mißbrauch gegeben, es hat nie eine Tat gegeben. Es gibt eben diese Beziehung. Und ebensowenig wie der Richter über seinen Schatten springen kann, können wir über unseren springen.

Wer sich zur Erkenntnis seines Begehrens durchgerungen hat, also pädophil geworden ist, der wird einigermaßen stabil so bleiben. Neuorientierungen bleiben wie stets vorbehalten, zumal wenn der gesellschaftliche Druck dazu auffordert. Die innerpsychische Struktur der Pädophilie, das fällt in diesem Abschnitt sicher besonders auf, liegt außerhalb unseres Untersuchungsansatzes; mit meinen Überlegungen verbindet sich kein spezielles sexualpsychologisches Modell – dafür sind andere zuständig. Ich schildere die zwischenmenschlichen Seiten, nicht die innerseelischen Grundlagen unseres Phänomens. Was unsere Befragten über ihren Werdegang und ihre Perspektiven mitteilen, demonstriert markant: Das pädophile Coming-out wirkt im Sinne einer Entdeckung, deren Resultat schwer erkämpft ist und die die weitere Sexualbiographie prägt.

Über keine der häufig erwähnten Psychotherapien wird berichtet, daß den Klienten dort die Pädophilie werbend eingeredet worden sei. Wohl aber gab manche Behandlung dem Patienten sein Selbstbewußtsein zurück, seine sexuelle Neigung einschließend.

> Weil ich nicht damit fertiggeworden bin, habe ich mich in einen religiösen Wahn geflüchtet, mir spirituellen Kokolores eingebildet und es so weit getrieben, bis ich völlig wahnsinnig war, indem ich versucht habe, mir den Sex auszureden. Ich bin dreimal in der Psychiatrie gewesen. Beim dritten Mal habe ich gesagt, jetzt muß ich irgendwas unternehmen, und habe einen Therapeuten gesucht. Der hat gesagt: Du bist gesund. Das hat mir zu dem Selbstbewußtsein verholfen, mit dem ich heute hier sitze.

Die gesellschaftliche Lage des Pädophilen gleicht heute fast der des Vogelfreien. Jede/r darf ihn abschießen. Unter dieser Drohung zu überleben und Selbstbewußtsein sich zu erhalten erfordert eine Kraft, die wir Nichtpädophilen uns nur schwer vorstellen können. Dazu gehören auch Versatzstücke einer positiv gestimmten Gegenideologie, die Rolle des Gebenden: „Die Jungen, das weiß ich, sind alle phantastisch gut geworden."

Die bisherigen Zitate dieses Kapitels stammen von Knabenliebhabern. Nicht zufällig, denn die Mädchenfreunde entwickeln keine vergleichbare

Identität. Genauer gesagt: Ihre sexuelle Identität ist weit fragmentarischer ausgebildet als die der Knabenliebhaber. Gewiß finden sich einzelne Ansatzpunkte. Doch die hätten niemals ausgereicht, mich von einer pädophilen Identität sprechen zu lassen. Die Mehrzahl dieser Befragten spricht von pädophilen Erfahrungen, aber von keiner Pädosexualisierung ihres Selbst. Mit ihrem Handeln, das so vielen Werten und Regeln zuwiderläuft, befinden sie sich wenig im Reinen. Ihrer Triebrichtung vergewissern sie sich nur stockend. Ein Mittdreißiger, verheiratet, sagte sich vor zwei Jahren:

> Was versteckst du eigentlich? Das hat sich aufgrund der ganzen Jahre ergeben, daß man mit sich selber uneins ist. Man versteckt nicht nur sein Gefühl nach außen, sondern verhält sich auch so distanziert. Was ich mir jetzt versucht habe anzueignen ist, nicht nur ein Kind anzustarren, sondern es auch mal anzulächeln.
>
> Man fühlt sich etwas als Außenseiter, als pervers. Man muß ewig um seine Existenz bangen. Ich bin keine große Errungenschaft für diese Welt gewesen, und meinen Geburtstag zu feiern, das ist Blasphemie.

Einige Anfänge, sich als pädophil zu identifizieren, sind auch bei den Mädchenfreunden erkennbar. Der eine oder andere spricht von sich als einem Pädophilen, hat allerdings keine dahingehende sexuelle Erfahrung. Einer beschreibt sein Coming-out: „Als wenn es im Gehirn klick gesagt hätte. Da war ich 21." Ein anderer verteidigt seine Orientierung: „Ich bin gegen Kindesmißhandlung, ich bin überhaupt gegen Gewalt gegen Kinder in jeglicher Form. Ich habe Kinder unheimlich gern. Alles, was freiwillig geschieht, auf einer liebevollen Basis, sollte wirklich erlaubt sein."

Die bekennenden Pädophilen belehren uns darüber, daß wir der lustvollen Kinderliebe nicht mit Vokabeln wie Unzucht, Mißbrauch oder Verstoß gegen sexuelle Selbstbestimmung beikommen können. Mir leuchtete das nicht zuletzt auch dadurch ein, wie sie ihre Leidenschaft beschreiben: den Überschwang beim Erfolg, die Trauer beim Verlust, die Niedergeschlagenheit beim Alleinsein.

> Er war ein Junge, den ich zu diesem Zeitpunkt wirklich geliebt habe, wenn Menschen überhaupt lieben können. An dem hing ich mit meinem ganzen Gefühl, mit allem, womit man an einem Menschen nur hängen kann. Ich habe alle Wünsche realisieren können. Gut, in dem einen oder anderen Fall, wenn mir tüchtig auf die Finger gehauen wurde, wenn mir gesagt wurde, nein, ich möchte nicht, laß das, das war natürlich eine Frustration in dem Moment. Generell kann ich wirklich sagen, daß ich ein ausgefülltes, durch und durch befriedigtes Leben geführt habe. Sowohl in sexueller Hinsicht als auch in emotionaler Hinsicht. Ich konnte auch todunglücklich sein, wenn so eine Bindung kaputt ging. Das waren geradezu existentielle Krisen für mich.

Auch Mädchenfreunde begeistern sich, nur weniger deutlich und manchmal mißverständlich. Ohnehin versteht es sich für niemanden unter uns von selbst, unser Liebesverlangen in anschauliche Worte zu fassen; für gewöhnlich delegieren wir das an die Lyrik. Oder wir weichen auf eine abstraktere Ebene aus, wie einer unserer Befragten, der von seinem So-Sein sprach und es ein ganz fundamentales Lebensgefühl nannte.

Wahrscheinlich klingt es in vielen Ohren reichlich absurd; doch es ist wahr: Die Lust am Kinde als abgrenzbare Sexualform bindet sich an eine Ethik. Obwohl wir danach nicht ausdrücklich gefragt hatten, äußerte sich fast jeder im Interview dazu: welche Rücksichten auf Wünsche und Befinden des Kindes zu nehmen seien, welche Zuwendung, Fürsorglichkeit und Aufsichtsaufgaben man erbringen solle, welches Stück an Erziehung zu leisten sei und wie sparsam mit Geld und Geschenken zu verfahren sei.

Ein kleinerer Teil dieser Vorschriften, die Pädophile sich selber machen, nützt ihnen auch selber. Das Kind nicht zu überrumpeln oder zu überfordern ist schon aus Gründen der Vorsicht geboten. Dadurch stuft sich die Verhaltensregel aber nicht zur simplen Man-nehme-Rezeptur herab: Wer sagt denn, daß Ethik bloß aus einem Für-andere-Dasein bestünde? Und wenn der Pädophile sich mit opulenten Geschenken, mit reichlichem Taschengeld auffällig zurückhält, verfolgt er nicht nur einen Zweck, beispielsweise vor sich selber nicht als Freier dastehen zu müssen oder die Echtheit in der Anhänglichkeit des Kindes zu testen.

Die Pädophilen bringen es tatsächlich fertig, sich eine Art von Kodex zu geben, obwohl ihnen keine Instanz dabei hilft. Das ist um so erstaunlicher, als ihre Lage im gesellschaftlichen Abseits eher eine völlige Bindungslosigkeit erwarten ließe. Wir könnten zum Vergleich an die Päderastie im antiken Griechenland denken, der äußerst strenge Grenzen gezogen waren, wie uns die neueren Altertumsforscher Kenneth J. Dover und andere zeigen. Die Ethik der Jünglingsliebe stand in jenen alten Zeiten sogar im Zentrum des sozialen Umgangs mit Geschlechtlichkeit, wie Michel Foucault meint. Doch wurzeln die Beziehungsregeln der modernen Pädophilie nicht in der antiken Päderastie. Zu lange war deren Tradition verschüttet, und viel zu verschieden sind die emotionalen Inhalte sowie sozialen Randbedingungen.

Wenn viele Pädophile ihrem Begehren so spürbar gewisse Formen der Selbstzucht auferlegen, dann scheint das die Frucht einer Verständigung untereinander zu sein. Seit den 1960er Jahren, wenn nicht schon früher, treten Personen, Publikationen und Organisationen auf, die eine Liebe zu Kindern artikulieren und den Ruch falscher Kinderfreunde loswerden wollen. Die angesehensten Sprecher dieser Selbstorganisationen, (eine soziale Bewegung im engeren Sinne hat nicht entstehen können), sind der Jurist Edward Brongersma (geb. 1911) und der Psychologe Frits Bernard (geb. 1920). Die beiden Niederländer, anfangs noch anonym schreibend, sind geduldig, unermüdlich und mit sozialen Argumenten für eine Pädophilie eingetreten, die den Anspruch auf gesellschaftliche Akzeptanz erheben kann. Beider Hauptwerke liegen auch auf deutsch vor.[25] Und beide Männer haben oft in unserem Land öffentlich oder vor Interessengruppen gesprochen. Ihre menschliche Glaubwürdigkeit und ihr solides Argumentieren hat mitbewirkt, daß im niederländischen Sexualstrafrecht die sogenannte Schutzaltersgrenze gesenkt worden ist. Eine ganze Reihe jüngerer Männer, ebenfalls mit entsprechender Ausbildung und mit ethischem Anspruch, sind in die Fußstapfen von Bernard und Brongersma getreten, insbesondere in den Vereinigten Staaten, in England und Deutschland.

Uns Außenstehenden werden Darlegungen von

interessierter Seite immer apologetisch vorkommen, so als heilige der wollüstige Zweck die gedanklichen Mittel. Dies bleibe hier dahingestellt. Nach innen jedoch können die Leitfiguren durchaus eine geradzu versittlichende Wirkung ausüben. Den vielen, am moralischen Wert ihrer Neigung verzweifelten Individuen öffnet sich plötzlich ein Ausweg, wie sie dem Dilemma zwischen Sinnlosigkeit und Ekstase entkommen könnten. Jene Sprecher beglaubigen ein Begehren, das anfänglich geradewegs in die Katastrophe zu führen scheint. In der Spannung zwischen Lust und Gefahr hat die Binnenkommunikation der Pädophilen jene Selbstzucht entstehen lassen.

Andere Sexualformen, die ebenfalls verachtet sind, haben es durchaus nicht soweit gebracht. Die Szenen der Prostitution und der Pornographie beispielsweise bleiben ethisch stumm; statt der Verantwortung regiert hier die krude Marktmechanik. Auch die männlichen Homosexuellen leben seit jeher in einem normativen Vakuum. Meine 1980 geschriebene Abhandlung „Homosexualität und Ethik“ habe ich in der Schublade gelassen, als die Aids-Krise ausbrach und die Schwulen hochmoralisch unter Druck gesetzt wurden. Inzwischen haben sich, im Kontext von Aids, ansatzweise neue Umgangsformen entwickelt: Rücksichtnahme in der sexuellen Begegnung, Solidarität mit den Infektionsopfern, Wunsch nach Partnerschaften u. ä. Einige der derzeit meistgebrauchten Stichwörter allerdings, etwa Standesamt und Militär, reizen eher zum Lachen.

Wandel der Kindheit

In der menschlichen Sexualität ist beklagenswert wenig von Natur aus gegeben. Auch die Schöpfungsordnung muß von der Theologie rekonstruiert werden. Mit Blick auf das Sexuelle kommen die Menschen auf so unglaublich viele Ideen, daß die Varianten unerschöpflich scheinen. Wie entstehen all diese Sexualformen, warum verändern sie sich? Auch die Pädophilie hat ihre Voraussetzungen und ihre Geschichte. Davon will ich zum Schluß noch berichten.

Zwei Wege führen hinter die Kulissen des heutigen Geschehens. Auf dem einen suchen wir nach ähnlichen Begebenheiten in anderen Ländern und Epochen und vergleichen alles miteinander, beispielsweise die Päderastie bei den antiken Griechen und die Knaben-Jünglings-Beziehungen bei den Papuas in Neuguinea. Damit könnten wir das Allgemeinmenschliche, den anthropologischen Kern herausschälen. Auf dem anderen Weg erkunden wir die Produktionsvoraussetzungen der heutigen Pädophilie, fragen nach den kulturellen, politischen und ökonomischen Randbedingungen einer Sexualform. Dann lernen wir das zeitgeschichtlich und soziologisch Besondere kennen.

Diesen zweiten Weg schlage ich jetzt ein und frage: Wie kommt es, daß heute Kinder erotische Attraktion ausstrahlen und pädophile Männer als Bekenner auftreten? Allem Anschein nach bilden Lobpreis und Unterdrückung der Pädophilie *kein* immer wiederkehrendes und stets gleiches Phänomen; vielmehr sind sie mit unseren gegenwärtigen Lebensweisen eng verknüpft. Von den noblen Liebeserklärungen eines Charles Dodgson / Lewis Carroll vor hundert Jahren bis zur Sexualität mit Kindern heute hat sich *die* Pädophilie wahrlich verändert. Und zwar hat eine in der zweiten Hälfte des 19. Jahrhunderts begonnene Entwicklung diese Sexualform entstehen lassen, die sich in allen wesentlichen Hinsichten vom sexuellen Mißbrauch und vom Inzest unterscheidet, ausgenommen nur das Altersmerkmal.

Gewandelt hat sich der Blick Erwachsener auf Kinder, gewandelt hat sich deren Sozialcharakter. Über lange Zeiträume unverändert blieben nur die Entwicklung des Körpers und die davon abhängigen geistig-seelischen Fähigkeiten, obgleich beim Längenwachstum und für den Pubertätsbeginn schon im Jahrzehntabstand bemerkenswerte Änderungen gemessen werden. Wenn aber Kindheit nichts stets dieselbe bleibt, vielleicht sogar erst in unserer Kultur eingerichtet worden ist, dann können und müssen wir auch nach der ‚Erfindung' der Pädophilie fragen. Ich referiere in Stichwörtern, wie nach heutigem Wissensstand die neuen Inhalte und Bilder des Kindseins aufgetaucht sind.

Im 13. Jahrhundert begann eine Entwicklung, die den Lebensablauf des europäischen Menschen neu gliederte. Bis weit in die Neuzeit hinein dauerte der Prozeß, den Philippe Ariès die „Entdeckung der Kindheit" genannt hat.[26] Der erste Abschnitt in der menschlichen Biographie wurde als eigenständige Lebensphase erschaffen. Später kam übrigens noch ‚Jugend' hinzu – auch ein Konstrukt in der kulturellen Formung des Lebens. Der Gedanke liegt nun nahe, daß diese Entdeckungen dem Begehren ein neues Ziel schufen, also eines, das eigenständig erotisiert werden konnte. Das war mit dem Vorgänger – dem kleinen unvollendeten Erwachsenen – nicht möglich gewesen. Was immer ein Großer einem Kleinen sexuell angetan haben mochte, ohne ein verlangenweckendes Bild vom Kind konnte es keine Pädophilie, keine Sexualform sein. Tatsächlich kannte ja auch das Strafrecht dieser frühen Zeit kein Schutzalter. Der Beischlaf mit Mädchen wurde als Notzucht, die anale Penetration eines Knaben als Sodomie bestraft, und das alles äußerst selten.[27]

Vom biographischen Konstrukt zur erotischen Attraktion: Wie können wir diese merkwürdige Karriere des ‚Kindes' nachvollziehen? Stellen Sie sich, zur Einübung in den Gedankengang, für einen Moment jene Kulturen vor, in denen alte, dicke und andere Menschen erotisch-sexuell hoch geschätzt werden, worüber westlich-moderne Geschmäcker sich nur wundern. Welche Inhalte von Kindheit machen es möglich, daß die Gestalt und das Wesen heranwachsender Menschen zum Triebgegenstand werden können? Inwiefern sind Kinder nicht bloß unvollkommene Halbfabrikate? Verfügen sie über etwas, das den Erwachsenen abhanden gekommen ist? Darauf geben die Pädophilen beredt Antwort. Und hier liegt auch ein Schlüssel, ihr Begehren zu verstehen.

Demographische Entwicklungen haben die Existenz des Kindes verändert: Im 19. Jahrhundert beginnt die Geburtenrate abzunehmen, und seit Ende des 19. Jahrhunderts überleben mehr Neugeborene die Säuglingszeit. Kinder besaßen nun im Vergleich zu vorher eine relativ gesicherte Lebenserwartung, hatten weniger Geschwister und traten als individuelle Persönlichkeiten stärker hervor.[28] Die Einschränkung der Kinderarbeit und die Zunahme der Schulpflicht veränderten den Inhalt der Kindheit. Wenn Kinder und Erwachsene in voneinander abgeschirmten Bereichen mit jeweils eigenen Einrichtungen leben, dann können Kinder und ihre Welt zum Gegenstand gedanklicher und einfühlender Aufmerksamkeit werden, die sich intellektuell, ethisch, ästhetisch und eben auch erotisch äußert. Mythen und Utopien ranken sich um das Bild vom Kinde. Es trägt die Hoffnung auf ein besseres Leben. Das Paradies der frühen Jahre widersteht den Härten der Moderne.

Kinder können nun als Individuen gesehen werden: Sie tragen mehr als nur die Merkmale der Gattung des kleinen Menschen, und an der jeweils einzigartigen, wenn auch kleinen Person mag sich eine Liebe entzünden. Solange die jungen Wesen emotional indifferent gesehen worden waren, bis etwa zum 17. Jahrhundert, mußte ein Kind den Älteren erotisch kalt lassen.

Jean Jacques Rousseau, ein Klassiker der modernen Erziehungslehre, modelliert 1762 eine Vorstellung vom Kind, die für zweihundert Jahre gültig bleibt. Es verfügt ursprünglich über kreatürliche Triebkräfte, über natürliche Leidenschaften, die durch Bildung überdeckt, ja vernichtet werden müssen. Nur wenn der Mensch in Unschuld aufwächst, also ohne jener Begierden innezuwerden, wird er frei handeln und ein guter Staatsbürger sein können.[29] Die den Menschen tragende Kraft wandelt sich von der „Natürlichkeit“ zur „Zivilisation“; doch korrumpiert die Sozialisierung den Menschen. Seit 1789 gibt es schulpolitische Programme, die daran arbeiten, die junge Generation zum Vollender der Revolution zu machen. Das Kind erfährt in diesen Diskursen eine beträchtliche Aufwertung, es ist nicht länger Träger der Erbsünde, sondern der Menschenrechte und der gesellschaftlichen Zukunft. Dem Kind wird eine Erlösungsaufgabe zugewiesen: Bei ihm werden die natürlichen Kräfte lokalisiert, die in den vorhandenen Erwachsenen erloschen scheinen.[30]

Der ‚neue Mensch‘, dem Alten nicht untertan, das sind die Heranwachsenden. Diese Aufwertung – fast schon eine Verklärung oder „Sakralisierung“

– befreit das Kind von den überkommenden Festlegungen. Damit ist der Grundstein gelegt, auf dem ein Bild kindlicher Autonomie errichtet werden kann. Was den Kindern „Natürlichkeit" und „Unmittelbarkeit" zuschreibt, das produziert zugleich die Vorstellung ihrer „Reinheit" und damit auch Schutzbedürftigkeit. Es mutet fast tragikomisch an, wie in der Möglichkeit des pädophilen Begehrens dessen Repression schon eingeschlossen ist.

Die neue gesellschaftliche Rolle des Kindes entriß dieses der Gleichgültigkeit, mit der man ihm bislang gegenübergestanden hatte. Pädagogik und ein voller Kranz erziehender Institutionen stellen das Kind in den Mittelpunkt vielfältiger Aufmerksamkeit. Erwachsene beschäftigen sich mit den Kindern, nicht nur ihren eigenen und keineswegs nur beruflich. Es entwickelt sich zu einer Norm, Kinder zu lieben – ob die Zweideutigkeit verräterisch ist, bleibe dahingestellt.

Die Umdeutung der Kindheit wird begleitet von der um 1800 auftretenden Polarisierung der Geschlechterbilder. Hiernach sollen die Frauen eine natürliche Sittlichkeit besitzen, die sie zur Erziehung besonders geeignet erscheinen läßt. Bei der Trennung der Geschlechterwelten wurden die Kinder der weiblichen Hemisphäre zugeschlagen.

Unser eigenes, nun zu Ende gehendes Jahrhundert hat eine Fülle von kindesbezogenen Experimenten hervorgebracht, die möglicherweise mit ihm zusammen bald vergehen. Wir erinnern uns: Am Anfang standen rassehygienische Versuche, bald gefolgt von ideologischen. Pädagogische Reformen wechseln einander in rascher Folge ab, darunter so sympathisch anmutende wie die von Rudolf Steiner oder der noch laufende Versuch einer kompensatorischen Schulbildung für alle. Die im 19. Jahrhundert vollzogene Ausdifferenzierung der Kindheit wird hierdurch wieder eingeschränkt. Wenn das Kind zum Schlüssel menschlicher Vervollkommnung avanciert, dann verschwinden die kindliche Natur und die Differenz zwischen Kind und Erwachsenem.

Sich einem Kinde zuzuwenden mag dann für manchen auch bedeuten, sich den wertvolleren Menschen zu erwählen. In der Tat formulierten unsere Befragten, soweit sie darüber räsonnierten, entschiedene Abwertungen der Erwachsenenpersönlichkeiten.

Früher war das Kinderleben von Arbeiten und Mitverdienen bestimmt; erst im 20. Jahrhundert sind Spielen und Lernen in den Vordergrund getreten. Ernsthaftes Lernen verlangt viel Schufterei. Spielen jedoch macht umstandslos Spaß. Die freudig erregten und reizvoll gekleideten kleinen Menschen – zu schweigen von all ihren sonstigen Qualitäten – verkörpern einiges von der sinnlichen Seite unserer Welt; so jedenfalls werden Kinder heute inszeniert. Pädophilie bringt etwas zum Vorschein, was so niemand gewollt hat, was aber objektiv aus dem Bestreben folgt, Kindheit zu verschönern. Die Idealisierung eines Menschentypus bahnt der sexuellen Phantasie den Weg.

Das Deutungsmuster einer kindlichen Unschuld knüpft sich in das Geflecht, in dem sexuelle Wünsche einerseits individuell entstehen und andererseits sich kollektiv verändern. Blicken wir zurück: Noch in der frühen Neuzeit galten Kinder als schamlos, und so wurden sie denn auch in die sexuellen Späße der Erwachsenen einbezogen; man spielte an ihrem Geschlechtsteil, redete zügellos vor ihnen und hielt sich nicht eben zurück. Das war beileibe keine Pädosexualität, glaubte man doch, vor der Pubertät sei das Sexuelle fremd und gleichgültig.[31] Allmählich, im

17. Jahrhundert, kam die Vorstellung von einer kindlichen Unschuld auf. Ob ihrer Schwäche und Reinheit mußte man sie beaufsichtigen, an strenge Lebensführung gewöhnen und sittsam behandeln.

Eine Pädophilie hatte in diesen beiden Epochen keine Chance: Mit dem ‚asexuellen' Kind war an das Miteinander einer geschlechtlichen Begegnung nicht zu denken, und dem ‚unschuldigen' Kind gegenüber konnte sie bloß eine Verletzung bedeuten. Diese Schranken sind inzwischen fortgefallen. Im Ablauf des 20. Jahrhunderts haben sich die Vorstellungen über das kindliche Wesen erneut verändert und dabei massiv sexualisiert. Ich erinnere nur an die zunächst als schockierend empfundenen Aussagen von Freud und Kinsey. Hinzu treten seit 1950 einige historisch neue Themen: die Gleichberechtigung des Kindes, das Kind als persönlicher Partner, der herrschaftsfreie Umgang zwischen Eltern und Kindern.[32] Sexualität unterliegt keinem Kommunikationsverbot mehr. Die Generationen rücken damit so nahe aneinander, daß Intimität zwischen ihnen vorstellbar wird. An dieser Stelle muß Pädophilie möglich geworden sein.

Das so langfristige Auftauchen der Kindheit – vielleicht ist da nicht mehr viel weiterzuentwikkeln – kreuzt sich heute mit einer Gegentendenz. Der Medienkritiker Neil Postman zieht eine Linie von der Veröffentlichung sexueller Geheimnisse zum „Verschwinden der Kindheit". Die These bleibt zwar spekulativ, und sie überzeugt mich auch nicht; der Autor will vor allem vor massenmedialen Gefahren warnen. Doch könnten seine Überlegungen verständlich machen, warum pädophiles Begehren sich heute ausdifferenziert und artikuliert. Postman beklagt die Abschaffung vieler

Geheimnisse, die Erwachsene in der europäischen Neuzeit vor Kindern gehegt haben, nicht nur, aber vor allem im Bereich der Sexualität. Das entwickelte Schamgefühl, wie es bereits die antiken Römer gesehen hätten, trenne die Kinder von den Erwachsenen. Ohne es könne es keine Kindheit geben. Wenn Krankheit, Gewalt, Inzest, Homosexualität u. s. f. nicht mehr verdeckt, sondern in allen Einzelheiten öffentlich ausgebreitet werden, dann irritieren sie nicht mehr. Diese Themen vorbehaltlos offenzulegen gefährdet nach Postman die Zukunft der Kindheit; denn der Trennungsstrich zwischen Großen und Kleinen wird außerordentlich dünn.

Sicher hätten auch in der Vergangenheit erwachsene Männer ein Verlangen nach heranwachsenden Mädchen verspürt; aber dieser Wunsch blieb Geheimnis. Das Fernsehen fördert alles zutage, so daß „der offene, wenn auch symbolische Gebrauch von Kindern als ‚Material' für die Befriedigung der Sexualphantasien von Erwachsenen inzwischen allgemein akzeptiert ist".[33] Postman verweist hier auf die 12- und 13jährigen Mädchen in der Fernsehwerbung.

Schließlich würden Kinder zunehmend als kleine Erwachsene wahrgenommen, was sich an der Zunahme ihrer sexuellen Aktivität zeige – immer mehr und immer früher . Die Medien trügen dazu bei, die Unterschiede zwischen Kinder- und Erwachsenensexualität abzubauen. Postman zitiert Zahlen zu Frühschwangerschaften oder zu Geschlechtskrankheiten bei Jugendlichen. Er zitiert Zahlen der Kriminalität und zum Drogenkonsum – alles unmißverständliche Anzeichen für den Aufstieg des ‚Erwachsenenkindes'.

Manches an dieser Schilderung mag überdramatisiert und zugespitzt sein; und doch weist sie auf eine Weggabelung hin, an der wir uns augenblicklich befinden. Das Entstehen der Kindheit machte die Kleinen als erotische Objekte überhaupt erst möglich. Ein Verschwinden meint: im Verschwinden begriffen. Die Kindheit ist noch da, nur die Wesensunterschiede werden allmählich eingeebnet, normative Grenzen werden durchlässig. Pädophiles Begehren wird nochmals wahrscheinlicher.

Neue Deutungsmuster verändern den Blick auf die Welt; auch Kinder werden dann anders gesehen. Und das heimliche Auge, immer nach erotischen Qualitäten ausschauend, mag das Begehren wecken. Im aktuellen Katalog eines beliebigen Versandhauses finde ich jede Menge kleiner Lolitas und Rambos von sechs Jahren an. Nicht nur Pädophilie, auch Alltagskultur und die durchschnittlichen Eltern stellen Kinder heute in einen erotisierten Rahmen.

Pädophilie als Sexualform im Gegensatz zu individuellen Entgleisungen muß als etwas historisch Neues, sich Entwickelndes angesehen werden. Insoweit spielen moralische Totalverurteilungen und Mißbrauchskampagnen nur eine notwendige Begleitmusik. Wenn sich die kollektive Organisation der Sexualität wandelt, dann geraten grundlegende und Sicherheit gebende Orientierungen durcheinander, eine Welt scheint in Gefahr. Andererseits würde sich ohne heftigen Widerstand nichts ändern. Die öffentliche Thematisierung und bis zu einem gewissen Maß sogar die Verfolgung wirkt paradoxerweise wie ein Anreiz zum Wachstum des Neuen: Menschen werden aufmerksam, sortieren ihre Wünsche, tun sich zusammen, machen sich für andere sichtbar.

Wohin wird sich Pädophilie als Bekenntnis wenden? Das hängt ab von den Tendenzen der Kindheit. Ich sehe drei Impulse am Werk: Familie und Schule sind nicht mehr die maßgeblichen Orte, an denen Kindheit gestaltet wird, Stichwort: Freiheitsrechte des Kindes; die Angst vor Kindmonstern greift um sich, Stichwort: Unerziehbarkeit; die Meldungen über den sexuellen Zugriff auf Kinder nehmen sintflutartig zu, Stichwort: Mißbrauch. Wer will diese Strömungen aufhalten? Wenn sie weiter ansteigen, dann wird die Idylle der Kindheit untergehen und mit ihr die hier beschriebene Pädophilie.

Anmerkungen

1 Näheres zu den us-amerikanischen Diskussionsszenen bei James R. Kincaid, Child-Loving. The Erotic Child and Victorian Culture, New York 1992; David Finkelhor u. a., Hg., Nursery Crimes, Newbury Park 1988; Pat Califia, Feminism, Paedophilia, and Children's Rights, in: Paidika 8 (1992), S. 53–60.

2 Richard v. Krafft-Ebing, Psychopathia sexualis (zuerst 1886), 14. Aufl. 1912, S. 413, 415. Zum folgenden ebenda S. 416–420.

3 Raymond A. Knight u. a., Classification of Sexual Offenders, in: A. W. Burgess, hg., Rape and Sexual Assault, New York 1985, S. 222–293.

4 Projektförderung durch: Deutsche Forschungsgemeinschaft, Aktenzeichen La 245–8; Universität Bremen, Institut für empirische und angewandte Soziologie.

5 Über die Ergebnisse berichtet Marina Knopf, Sexuelle Kontakte zwischen Frauen und Kindern, in: Zeitschrift für Sexualforschung 6 (1993), S. 23–35.

6 Siehe David Finkelhor, in: Journal of Homosexuality 20, Nr. 1/2 (1990), S. 314. Das Buch von Theo Sandfort (ndl. und engl. 1981) ist auch auf dt. erschienen: Pädophile Erlebnisse, Braunschweig 1986.

7 Kurt Freund u. a., The Proportions of Heterosexual and Homosexual Pedophiles Among Sex Offenders Against Children, in: Journal of Sex & Marital Therapy 18 (1992), S. 34–43 (35).

8 Kevin Howells, Some Meanings of Children for Pedophiles, in: M. Cook u. a., hg., Love and Attraction, Oxford 1979, S. 519–526 (525).

9 Vgl. Gundel Koch-Harnack, Knabenliebe und Tiergeschenke, Berlin 1983, S. 38–48.

10 Sigmund Freud, Studienausgabe Bd. 5, Frankfurt/M. 1972, S. 56. Zum folgenden vgl. Camille Paglia, Die Masken der Sexualität, Berlin 1992, S. 144.

11 Siehe Werner Fuchs-Heinritz u. a., hg., Feste Fahrpläne durch die Jugendphase? Opladen 1991, S. 9ff., 235ff.

12 Vgl. dazu Kincaid (Anm. 1), S. 13–16, 64f., 364–375.

13 Mark Pascal, hg. Varieties of Man/Boy Love, New York 1992, S. 8.

14 Vgl. Ulrich Beck, Elisabeth Beck-Gernsheim, Das ganz normale Chaos der Liebe, Frankfurt/M. 1990.

15 Katharina Rutschky, Erregte Aufklärung, Hamburg

1992; Michael Schetsche, Das ‚sexuell gefährdete Kind', Pfaffenweiler 1993; Michael Schetsche, Sexualkontakte zwischen Erwachsenen und Kindern als soziales Problem, in: Soziale Probleme 4 (1993), S. 56–77.

16 Eberhard Schorsch, Gerlinde Galedary, Antje Haag, Margret Hauch, Hartwig Lohse, Perversion als Straftat, Berlin 1985, S. 46.

17 Eberhard Schorsch, Kinderliebe, in: Monatsschrift für Kriminologie und Strafrechtsreform 72 (1989), S. 141–146.

18 Martin Dannecker, Bemerkungen zur strafrechtlichen Behandlung der Pädosexualität, in: H. Jäger / E. Schorsch, hg., Sexualwissenschaft und Strafrecht, Stuttgart 1987, S. 70–83 (77–80).

19 Vgl. Michael-Sebastian Honig, Über die Sexualität von Kindern, in Deutsches Jugendinstitut, hg., Was für Kinder, München 1993, S. 182–194; Bettina Schuhrke, Körperentdecken und psychosexuelle Entwicklung, Regensburg 1991.

20 Kenneth Plummer, Understanding Childhood Sexualities, in: T. Sandfort u. a., hg., Male Intergenerational Intimacy, New York 1991, S. 231–249.

21 Joan A. Nelson, Intergenerational Sexual Contact, in: Journal of Sex Education & Therapy 15 (1989), S. 3–12.

22 Terry Leahy, Paedophilia and the Construction of Childhood, vf. Ms. 11 S., 1992.

23 Dieter Richter, Hexen, kleine Teufel, Schwererziehbare, in: Deutsches Jugendinstitut 1993 (wie Anm. 19), S. 195–202 (200).

24 Roland Barthes, Vorwort, in: Renaud Camus, Tricks I, Berlin 1987, S. 9–14 (11).

25 Edward Brongersma, Das verfemte Geschlecht, ndl. 1961, München 1970. Ders., Loving Boys, 2 Bde., Amsterdam 1986/1990 (Bd. 1 dt. Frankfurt/M. 1992). Frits Bernard, Pädophilie. Von der Liebe mit Kindes, ndl. 1975, Lollar 1979.

26 Phillippe Ariès, Geschichte der Kindheit, frz. 1960, München 1975, S. 92–111.

27 Martin Killias, Jugend und Sexualstrafrecht, Bern 1979, S. 54, 94–97.

28 Irene Hardach-Pinke, Kindheit in Bewegung, in: Deutsches Jugendinstitut 1993 (wie Anm. 19), S. 35–42 (37).

29 Vgl. Gerhard Vowinckel, Kindliche Unschuld – Aufstieg und Niedergang eines Erziehungsideals, in: Zeitschrift für Sozialisationsforschung 11 (1991), S. 256–277 (260–262).

30 Vgl. Hans-Christian Harten, Kindheitsgeschichte als Utopiegeschichte, in: Deutsches Jugendinstitut 1993 (wie Anm. 19), S. 43–50.

31 Ariès 1975 (wie Anm. 26), S. 175–182.

32 Vgl. hierzu Vowinckel 1991 (wie Anm. 35) und Jürgen Zinnecker, Kindheit, Erziehung, Familie, in: Shell-Jugendstudie Bd. 3, Opladen 1985, S. 97–292 (193).

33 Neil Postman, Das Verschwinden der Kindheit, engl. 1982, Frankfurt/M. 1983, S. 108.

Marina Gambaroff/Martin Walker

AngstLust

Das furchtbar Weibliche

ISBN 3-89521-016-1

Die Psychoanalytikerin Gambaroff spricht mit dem Philologen Walker über den jahrtausendealten männlichen Haß und Neid auf den weiblichen Körper.

Linda Grant

Versext

Die sexuelle Revolution: Geschichte und Utopie

Aus dem Englischen von Maren Klostermann

ISBN 3-89521-013-7

Zwei Jahrzehnte nach »Der weibliche Eunuch« von Germaine Greer die Utopie einer neuen sexuellen Revolution zur endgültigen Befreiung der weiblichen Lust.

Nina Lekander

Mund zu Mund

Szenen von Distanz und Nähe

Aus dem Schwedischen von Stefanie Ender

ISBN 3-89521-014-5

»Nina Lekanders Liebesroman ist eher eine Art Geschichtsschreibung für den Augenblick. Ein Frontbericht darüber, wie es heute zwischen Männern und Frauen zugeht.« *Svenska Dagbladet*

Katharina Rutschky
Erregte Aufklärung
Kindesmißbrauch: Fakten & Fiktionen
ISBN 3-922930-05-0

Rutschkys provozierender Essay über den Mißbrauch mit dem Mißbrauch »hat im Umfeld von Feministinnen erregte Debatten ausgelöst.« *Der Spiegel*
»Endlich wieder ein kluger Beitrag zur Utopiedebatte.« *FAZ*

Eberhard Schorsch
Kurzer Prozeß?
Ein Sexualstraftäter vor Gericht
ISBN 3-922930-04-2

Schorsch beschreibt aus der Perspektive des Gutachters einen Prozeß über einen Sexualmörder und »macht sichtbar, daß auch die schrecklichste Tat ›von einem von uns‹ begangen wird.« *Der Spiegel*

Volkmar Sigusch
Geschlechtswechsel
ISBN 3-922930-07-7

Sigusch analysiert furios die medizinisch-psychologische Haltung gegenüber Transsexuellen mit dem Ergebnis, daß beide Bereiche bisher theoretisch und praktisch versagt haben.» Ein fesselnder Beitrag.« *FR*